LE PETIT LIVRE POUR ne plus perdre son temps

Mariette Strub-Delain

FIRST
ÉDITIONS

ISBN : 978-2-412-03724-9
Dépôt légal : juillet 2018
Imprimé en Italie

Correction : Anne-Lise Martin
Mise en page et couverture : Olivier Frenot

Éditions First, un département d'Édi8
12, avenue d'Italie
75013 PARIS – France
Tél. : 01 44 16 09 00
Fax : 01 44 16 09 01
E-mail : firstinfo@efirst.com
Site Internet : www.editionsfirst.fr

SOMMAIRE

Nous avons mieux à faire dans la vie
que d'en accélérer le rythme.

GANDHI

Mal employer le temps,
autant ne rien faire.

PROVERBE POLONAIS

Faites un bon usage du temps
tandis qu'il est présent.

PROVERBE YIDDISH

Qui a le temps, a la vie.

ANONYME

INTRODUCTION

Depuis les années 2000, nous constatons tous une accélération du temps. Ce phénomène peut s'expliquer entre autres par le développement des nouvelles technologies et par la mondialisation qui entraîne une concurrence accrue entre les pays et entre les populations. L'univers du travail est probablement le plus touché, dans la mesure où ces mouvements se sont accompagnés dans nos entreprises de la mise en place d'un management gestionnaire, qui ne cesse de contrôler et d'attendre une performance chiffrée toujours accrue ; ces résultats visant à répondre aux exigences de dirigeants et d'actionnaires toujours plus âpres aux gains.

C'est la raison pour laquelle nous avons choisi dans ce petit livre de cibler la gestion du temps plutôt sur le terrain professionnel. Néanmoins, vous le découvrirez, de nombreux tests, principes et outils pourront vous être utiles dans votre vie personnelle.

Ce livre, tout public, se veut avant tout accessible et pragmatique. Il est divisé en 5 parties.

La première partie est consacrée aux grands principes de la gestion du temps. Vous y trouverez déjà des conseils et des solutions pratiques, suivis de « corrections », de conseils et d'éclairages pour vous permettre de mieux comprendre vos résultats.

La deuxième partie vise la connaissance de soi à travers des tests auto-administrés.

La troisième partie proposera des techniques.

La quatrième partie vous invitera à bâtir votre plan d'actions de progrès.

Je vous invite à relever au fur et à mesure de votre lecture ce qui vous a plus particulièrement intéressé(e), ce que vous avez appris sur vous-même, les conseils qui vous ont semblé pertinents et facilement transposables. Vous pourrez utilement noter tout cela page 148 et compléter à loisir.

PARTIE

1

–

LE TEMPS ET SES PRINCIPES

LES 4 LEVIERS DE LA GESTION DU TEMPS

Le temps des affaires est essentiellement linéaire, donc séquentiel. Il renvoie à ce que l'on appelle le système monochrone (voir les résultats du test « Êtes-vous plutôt monochrone ou polychrone ? », p. 94). Le temps y est considéré comme quelque chose de tangible, divisé en éléments fixes qui peuvent être organisés et programmés. Ainsi, il est possible, voire souhaitable, de savoir gérer son temps.

Mais que signifie, dès lors, « gérer son temps » ?

Si l'on en croit Daniel Latrobe, consultant-formateur, d'un point de vue pratique, gérer son temps, c'est réaliser une tâche dans des contraintes de temps pour atteindre un but. Il est donc question de compétence et d'organisation (tâche), de durée et de délai (contraintes de temps), d'objectif et de sens donné à l'action (but).

Les choses se compliquent lorsque l'on intègre la complexité de l'entreprise et de l'être humain. En effet, nous devons gérer plusieurs tâches ; nous sommes plus ou moins compétents pour les mener à bien ; les contraintes ne sont pas toujours connues ou réalistes ; nous sommes généralement dépendants d'autres personnes (dans ou hors de l'entreprise) pour réaliser nos tâches ; les buts qui nous sont assignés ne sont pas toujours explicites, atteignables et cohérents, par voie de conséquence, notre motivation n'est pas toujours au rendez-vous ! Sans parler de notre chronotype (voir le test « Êtes-vous plutôt du matin ou du soir ? », p. 73), de nos soucis personnels ou encore des chronophages qui viennent nous voler du temps.

La tâche qui nous attend est donc immense mais, dans le même temps, passionnante.

On vient de voir que la gestion du temps dépend de soi, certes, mais aussi des autres. Cela va nous permettre de distinguer 4 grands domaines :

	CE QUI DÉPEND SURTOUT DE SOI	CE QUI DÉPEND AUSSI DES AUTRES
QUEL DOMAINE ?	❶ L'ANTICIPATION	❷ LA COMMUNICATION
DE QUOI S'AGIT-IL ?	Clarifier ses missions Planifier à long terme Définir ses objectifs Définir ses priorités Établir les plans d'action…	Oser dire non Savoir interrompre une conversation Optimiser son temps de réunion Gagner du temps en entretien Améliorer sa gestion des mails…
QUEL OBJECTIF DE PROGRÈS ?	Améliorer son organisation personnelle	Améliorer le temps partagé
QUELS MOYENS D'ACTION ?	SE CONNAÎTRE ET SE DISCIPLINER	S'AFFIRMER ET COOPÉRER

	CE QUI DÉPEND SURTOUT DE SOI	CE QUI DÉPEND AUSSI DES AUTRES
QUEL DOMAINE ?	❸ LES OUTILS	❹ LE FONCTIONNEMENT DE L'ENTREPRISE
DE QUOI S'AGIT-IL ?	Bloc-notes, classement, agenda, éphéméride, échéanciers, check-list, tableaux de bord, indicateurs, clignotants…	Histoire, culture, valeurs Style de management Structure et organisation Procédures, normes, contraintes…
QUEL OBJECTIF DE PROGRÈS ?	Améliorer sa connaissance et son utilisation des outils	Connaître le fonctionnement de l'entreprise
QUELS MOYENS D'ACTION ?	APPRENDRE ET INNOVER	S'ADAPTER ET ALERTER

(Tableau tiré de l'ouvrage de Marie-Josée Couchaere)

Parmi ces 4 quadrants, quel est celui qui aura votre priorité, celui sur lequel vous aurez le plus à gagner ?

Sachez que l'axe en diagonale ❶ ❹ est un axe très rigide à caractère plus définitif, pour lequel la remise en cause est plus délicate. A contrario, l'axe ❷ ❸ est un axe dynamique et plus malléable, sur lequel vos chances de progrès rapides seront plus importantes.

TOUT EST DANS LA PRÉPARATION

« Une des clés du succès est la confiance en soi. Une des clés de la confiance en soi est la préparation. »

ARTHUR ASHE, JOUEUR DE TENNIS

Voici 10 instructions, vous devez les suivre le plus rapidement possible.

Munissez-vous d'une feuille et d'un stylo. Prenez également un chronomètre afin de connaître votre performance.

❶ Déclenchez votre chronomètre et lisez d'abord l'ensemble des instructions.

❷ Inscrivez votre nom en haut de la page.

❸ Indiquez le nom de votre entreprise et les fonctions que vous y occupez.

❹ Déchiffrez maintenant l'anagramme suivante :

NATAV - ED - NEREPEDS - ACEUBOPU - 'D - GENIERE - LI - TUAF - VORISA - UO - AL - CLEPRA

❺ Tirez un trait entre les instructions 5 et 6.

Vous allez maintenant faire un test d'adaptabilité.

Retirez votre montre et posez-la sur la table.

Il s'agit pour vous, dans un temps minimum, pour l'ensemble des textes qui précèdent la ligne que vous venez de tracer, de souligner toutes les lettres E et de rayer les lettres B, D, mais pas les lettres P. Vous avez pour tâche de vous chronométrer vous-même et d'inscrire en bout de ligne le temps (en secondes) que cela vous aura pris.

❻ Répondez aux questions suivantes :

a) Quelle est la capitale de l'Angleterre ?

b) Combien y a-t-il de mots dans un « Que sais-je » ?

c) Citez au moins neuf villes se terminant par le mot « ville »

1....................	4....................	7....................
2....................	5....................	8....................
3....................	6....................	9....................

❼ Dans le coin supérieur gauche de cette page, tracez un carré de 15 mm de côté (pour la note que vous vous donnerez à la fin de l'exercice).

❽ Signez au bas de la page.

❾ Voici maintenant un petit problème « bien de chez nous » :

Un bassin peut contenir 500 litres d'eau. Au moment où il est plein aux 4/5, on y place un tuyau pompant 10 litres par minute. Cependant, au même instant, une fissure dans le fond du bassin commence à laisser s'écouler l'eau au rythme de 1,5 litre par demi-heure.

Combien de litres aura pompé le tuyau en 20 minutes ?

❿ N'exécutez que les instructions 2, 3 et 8. L'exercice est terminé.

Quels enseignements tirer ?

Il faut moins de 30 secondes pour réussir cet exercice. Et vous combien de temps avez-vous mis ?

Comme beaucoup de personnes, vous avez dû lire la 1re consigne et y répondre, puis la 2e, et ainsi de suite. Vous avez même probablement soufflé et levé les yeux au ciel à la lecture de certaines d'entre elles. Alors, vous avez abandonné ou avez « sauté » les questions trop difficiles. Vous êtes alors arrivé à la consigne n° 10.

Et là, vous vous êtes peut-être dit : « Il y avait un piège ! »

Cet exercice un peu cruel a pour objectif de vous faire prendre conscience qu'avant de commencer un quelconque travail, il faut adopter une vue d'ensemble.

Préparer, anticiper et prévoir sont des clés essentielles d'une bonne gestion du temps.

Quelles sont alors les étapes clés d'une préparation efficace ?

Cette méthode doit pouvoir vous servir dans tous les cas de figure, c'est-à-dire quels que soient votre projet ou votre tâche.

L'exemple ci-dessous concerne la préparation de votre journée. Vous pourrez le faire la veille, et prévoir pour cela 15 à 20 minutes :

1. Prenez une vue d'ensemble

– Soyez au clair sur vos responsabilités et vos missions

– Listez l'ensemble des activités que vous devez réaliser

2. Hiérarchisez vos activités

– Définissez vos priorités à l'aide de la matrice (p. 30)

– Ordonnez les tâches à réaliser

– Choisissez la (ou les) tâche(s) à réaliser : être capable de justifier son choix

– Renoncez définitivement ou reportez

– Étalonnez : décidez du degré de priorité

3. Formulez vos objectifs

– Chaque activité sera liée à un objectif

– Utilisez la grille SMART

4. Organisez la logistique

– Rassemblez les documents et le matériel dont vous aurez besoin

– Assurez-vous de la disponibilité de vos interlocuteurs (cela peut se confirmer quelques jours avant)

5. Construisez votre journée

– Estimez le temps de chaque activité

– Ordonnez-les dans la journée en veillant à équilibrer les activités (matin *vs* après-midi; temps individuels *vs* temps partagés, activité à forte concentration *vs* activités à faible charge cognitive…)

– Rassemblez les activités similaires (ex.: classement, appels téléphoniques…)

– Vérifiez les « entre-temps » (ex.: temps de déplacement d'une réunion à une autre), les temps de bilan (ex.: rédaction de la synthèse d'un entretien) et les temps de préparation (ex.: rassembler les documents pour un RDV extérieur)

– Gardez-vous du temps pour le déjeuner et 2 pauses (une dans la matinée, une dans l'après-midi)

– Prévoyez 15 à 20 minutes pour faire le bilan de votre journée et 10 minutes pour préparer la journée du lendemain

– Précisez l'heure de fin de journée

6. Anticipez risques et imprévus

– Gardez 30 % de temps de votre journée pour les imprévus

– Ayez des tâches à intégrer dans la journée si une plage de temps se libère (ex. : une réunion s'annule, un entretien dure moins longtemps que prévu…)

– Sachez quelle(s) activité(s) sacrifier en cas de nécessité absolue

7. Informez

Tenez vos collègues, collaborateurs… au courant de votre planning. Pour cela, vous pouvez utiliser un planning partagé avec votre équipe.

VADE-MECUM DES TEMPS DE PRÉPARATION
PRÉPARER 1 MOIS
Prévoyez 30 minutes à 1 heure Déterminez 20 à 30 % des activités (prioritaires ou planifiées à l'avance)
PRÉPARER 1 SEMAINE
Prévoyez 15 à 45 minutes Déterminez 40 à 50 % des activités à date et à heure fixes Prévenez les personnes concernées des temps partagés (réunions, entretiens…)
PRÉPARER 1 JOURNÉE
Prévoyez 15 à 20 minutes Planifiez 70 % des activités Gardez 30 % pour les imprévus En fin de journée, faites le point et planifiez la journée suivante

SAVOIR FORMULER UN OBJECTIF

« Celui qui n'a pas d'objectifs
ne risque pas de les atteindre. »

SUN TZU

Quelques précisions pour commencer

Il existe quelques confusions entre les 3 notions suivantes : finalité, but et objectifs. Pour apporter un peu de clarté, en voici les définitions.

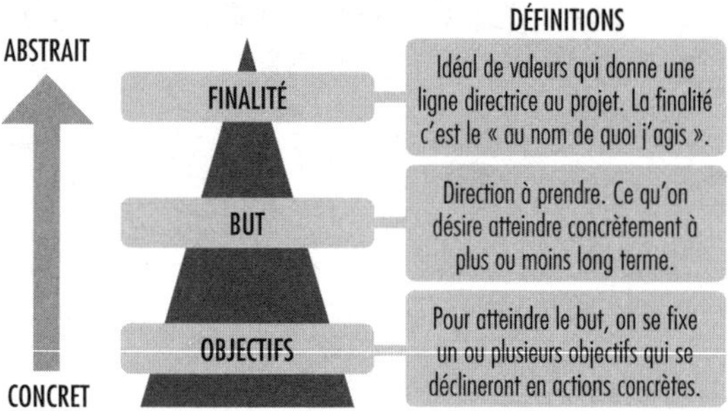

La finalité est l'élément le plus intangible et le plus abstrait. Elle est parfois inatteignable, mais c'est un idéal vers lequel on tend.

Il est important de veiller à l'**alignement**, c'est-à-dire à la cohérence entre finalité, but et objectifs.

Est-ce bien clair pour vous ? Alors à vous de jouer !

Exemple 1 : Si je vous dis « perdre 5 kg d'ici la fin de l'année », « maigrir » et « me sentir mieux dans ma peau », quels sont la finalité, le but et l'objectif ?

Finalité ....

....

But ....

....

Objectif ....

....

Exemple 2 : Si je vous dis « gagner en liberté », « obtenir une augmentation de 10 % lors de mon prochain entretien d'évaluation », « avoir plus d'argent », quels sont la finalité, le but et l'objectif ?

Finalité ....

....

But ....

....

Objectif ....

....

Solutions

Ex. 1 : Finalité (me sentir bien dans ma peau), **but** (maigrir), **objectif** (perdre 5 kg d'ici la fin de l'année)

Ex. 2 : Finalité (gagner en liberté), **but** (avoir plus d'argent), **objectif** (obtenir une augmentation de 10 % lors de mon prochain entretien d'évaluation)

Quelles sont les caractéristiques d'un objectif bien défini ?

Un objectif doit être :

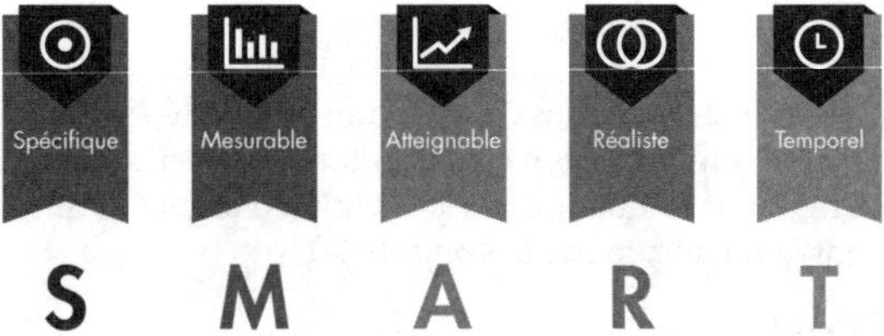

S. **Spécifique** : Un objectif doit être défini, précis et personnalisé.

M. **Mesurable** : Il doit s'accompagner d'un indicateur qui permettra d'évaluer sa réalisation. Le plus souvent, il s'agit d'un élément quantitatif, chiffré.

A. **Atteignable** : Un objectif doit être accessible. Si votre ambition est démesurée, vous risquez d'être rebuté(e) par l'effort à fournir et de renoncer.

R. **Réaliste** : Il s'agit de s'assurer ici que vous avez les moyens (ou la possibilité de les obtenir) de réaliser cet objectif. Cela revient aussi à vérifier que l'objectif (ou plutôt, sa réalisation) dépend bien de vous.

T. **Temporel ou temporisé** : L'objectif doit s'inscrire dans le temps. Il s'agit donc ici de préciser une date butoir, précise et réaliste, sous peine de procrastination.

À ces 5 critères classiques on peut ajouter les suivants :

Acceptable : Un objectif doit être conforme aux exigences légales, aux normes de sécurité, d'un point de vue éthique…

Responsable désigné : Un objectif doit être porté par une personne clairement identifiée. C'est elle qui devra répondre des résultats.

Contraintes et moyens : Un objectif doit signifier les contraintes et les moyens (budgétaires, matériels, humains) associés.

Dépendre de la personne : La réalisation de l'objectif doit dépendre totalement de la personne qui en est responsable ; sinon, celle-ci risque de se retrouver dans une situation d'impuissance.

Partagé : Lorsque l'objectif est collectif, il est essentiel qu'il soit connu et emporte l'adhésion.

DÉFINIR SES PRIORITÉS

La définition des objectifs vous permettra de préciser plus aisément vos priorités.

Quelques définitions

Qu'entend-on par **importance**, **urgence** et **priorité** ?

Est **important** ce qui a trait à vos objectifs, à votre mission, à vos responsabilités ; cela peut être également le degré de valeur que vous accordez à une action en fonction de sa dimension éthique, contractuelle, légale, économique et politique. L'importance peut aussi renvoyer à vos engagements, à votre volonté ou vos désirs, ou encore aux conséquences et risques encourus si l'action n'est pas réalisée.

Est **urgent** ce qui a une échéance très rapprochée, voire critique par rapport au résultat attendu ; tout ce qui est urgent doit être daté.

Est **prioritaire** toute action dont le degré d'importance est associé à un haut degré d'urgence.

Les notions d'importance et d'urgence, une fois croisées, forment une matrice, appelée « matrice des priorités » ou « matrice d'Eisenhower ».

Pour quelle raison ? Dwight David Eisenhower est connu pour avoir été le 34e président des États-Unis. C'est à lui que revient la paternité de cet outil de prise de décision, qui permet de classer une liste de tâches.

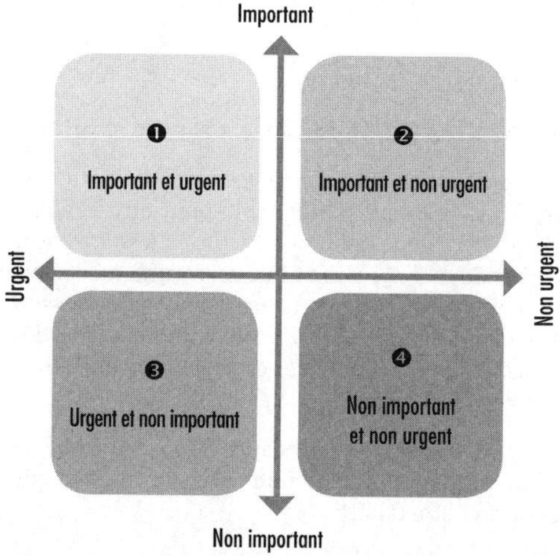

La matrice en situation professionnelle :

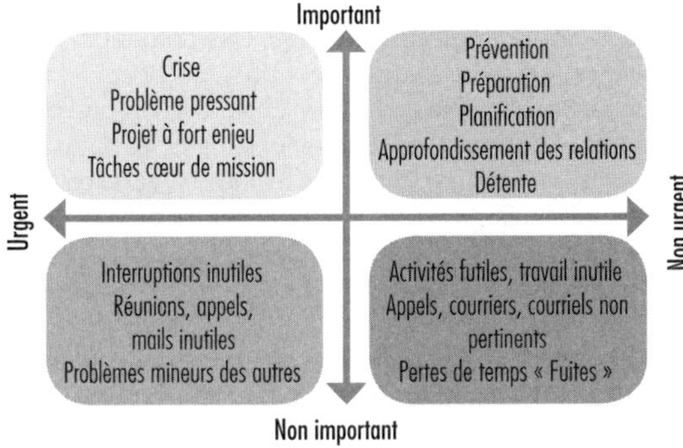

Les actions à mener selon le degré de priorité :

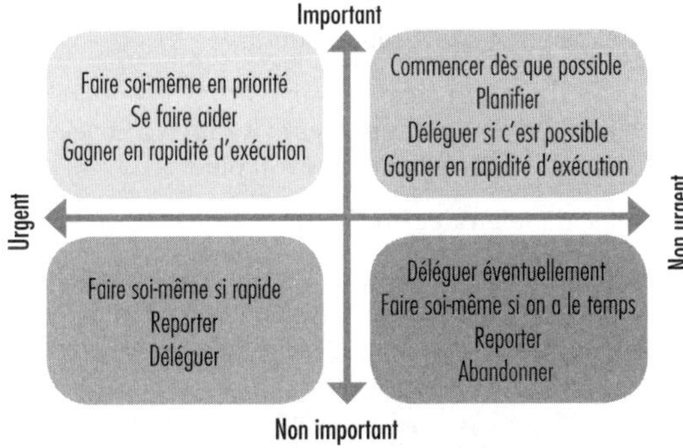

Conte métaphorique

S'adressant à un groupe de dirigeants de haut niveau, un expert en gestion du temps pose un bocal à large ouverture sur la table devant lui. Ensuite il sort une douzaine de pierres grosses comme le poing et les place soigneusement, une par une, dans le bocal. Quand celui-ci est rempli jusqu'au bord, il demande : « Ce bocal est-il plein ? »

Tout le groupe répond oui.

« Vraiment ? » Il sort alors de sous la table un seau de gravier, qu'il verse dans le bocal. Il secoue ce dernier, et les graviers tombent dans les interstices entre les pierres. Souriant, il demande au groupe : « Et maintenant, ce bocal est-il plein ? »

« Probablement pas », dit quelqu'un.

« Bien. » Il sort un seau de sable et le verse dans les interstices laissés par les pierres et le gravier. Et de nouveau, il demande : « Ce bocal est-il plein ? »

« Non », dit le groupe en chœur.

« Bien ! » dit-il à nouveau en sortant une carafe d'eau. Après avoir versé de l'eau jusqu'au bord, il regarde le groupe et demande : « À quoi sert cette expérience ? »

Un stakhanoviste lève le doigt et dit : « Cela signifie qu'aussi bien rempli soit un programme, si on travaille dur, on peut toujours en faire un peu plus. »

« Non, la vérité qu'illustre cette histoire, c'est que si vous ne mettez pas les grosses pierres d'abord, vous ne pourrez pas les mettre du tout. Si le sable est mis en premier, il n'y aura de place pour rien d'autre. Quelles sont les grosses pierres de votre vie ? Le projet que vous voulez réaliser ? Du temps passé avec ceux que vous aimez ? Votre formation ? Votre compte en banque ? Une cause ? Accompagner d'autres gens ? Demandez-vous quelles sont les grosses pierres de votre vie professionnelle et personnelle, puis remplissez le bocal. »

Rappelez-vous :

Si vous ne mettez pas ces grosses pierres en premier, elles ne rentreront jamais toutes dans le bocal.

ADOPTER DES RÉFLEXES EFFICACES

Quelles sont vos habitudes en matière de gestion du temps ?

Cochez oui ou non, selon que ces réflexes sont pour vous des habitudes ou pas.

OUI	RÉFLEXES	NON
	Je pense, j'écris	
	Je commence, je finis	
	Je patine, j'arrête	
	Je doute, je questionne	
	Je dis, je fais	
	Je fais, j'informe	
	Je prends un dossier (une facture...), je décide ce que j'en fais	
	Je traite un dossier (une facture...)	
	Je classe, je jette	

OUI	RÉFLEXES	NON
	J'écoute, je note	
	Je demande, je date	
	Je sors un dossier, je le range	
	Je m'absente, je préviens	
	Je téléphone, j'abrège	
	Je délègue, je contrôle	

Il vous reste maintenant à vous discipliner afin d'adopter les réflexes pour lesquels vous avez répondu non.

VOLEURS DE TEMPS ET VICTIMES

Nous allons aborder ici les personnes chronophages, celles qui volent le temps des autres. À quoi ressemblent-elles ? Et comment leur faire face ?

Les tableaux ci-dessous dressent le portrait de quelques « voleurs de temps ». Repérez ceux auxquels vous avez le plus de mal à résister et lisez, en dessous, les conseils qui vous sont donnés pour mieux les gérer.

Les voleurs de temps…

Le retardataire	Le confus, brouillon	L'hyper-exigeant
La ponctualité n'entre pas dans ses critères. Il a de grandes difficultés à s'engager et à respecter ses engagements. Il veut se sentir libre et disposer comme il le souhaite de son temps.	Il ne sait pas bien ce qu'il veut, ou ne sait pas toujours l'exprimer clairement. Il peut parfois donner l'information au compte-gouttes. Il lui arrive d'affiner ou de changer sa demande au vu de ce que vous lui avez produit.	C'est une personne ambitieuse qui ne supporte pas l'échec. Il a souvent des idéaux élevés et attend de lui et des autres qu'ils se surpassent. Ses demandes peuvent être irréalistes tant sur le fond que dans les délais exigés.
Conseil : Quand vous lui fixez un RDV, gardez une marge (8 h 50 pour 9 heures, par exemple). Prévoyez une activité en cas d'attente (relire un rapport, répondre à des mails…).	**Conseil** : Posez-lui des questions pour clarifier sa demande. Demandez-lui d'être précis (chiffres, dates…). Ne vous engagez pas si sa demande n'est pas claire pour vous.	**Conseil** : Osez dire que vous vous sentez stressé(e) par la demande. Osez dire que sa demande n'est pas réaliste en argumentant. Dites ce à quoi vous pouvez vous engager.

Le perfectionniste	Le « tout m'est dû »	Le méfiant / l'inquiet
Il est souvent insatisfait. Recherchant la perfection, il a cette même exigence vis-à-vis d'autrui. Il est pointilleux et n'hésite pas à faire refaire ce qui ne lui convient pas. Il redoute par-dessus tout la critique.	Il se comporte comme un petit tyran. Il s'impose, il impose, sans se soucier de la disponibilité, de la compétence ou de la motivation de l'autre. Il a une fâcheuse tendance à penser que les autres sont à sa botte.	Il a du mal à accorder sa confiance, ainsi il prend toujours de la marge quand il demande quelque chose. Son inquiétude le pousse à relancer de façon excessive pour s'assurer que le travail sera fait et dans les temps.
Conseil : Clarifiez sa demande et les résultats attendus, le plus concrètement possible. Sachez dire STOP lorsque vous pensez avoir fait ce qui était demandé.	**Conseil** : Posez des limites. Osez le dire si vous ne pouvez pas faire ce qu'il vous demande, et argumentez. Ne soyez pas impressionné(e) par ses « coups de gueule ».	**Conseil** : Faites préciser les délais. Rassurez-le sur votre fiabilité. Respectez vos engagements. Demandez-lui de ne pas vous relancer.

L'hyper-délégateur	Le bavard	Le dépendant
Ces personnes ont une propension à confier des tâches aux autres : par principe (elles croient à la responsabilisation), par paresse, par incompétence, par intérêt…	Il aime le contact, il a besoin d'établir des liens pour se sentir exister. Il parle beaucoup, fait peu de pauses de silence et part du principe que ce qu'il raconte va vous intéresser.	Il ne sait rien faire tout seul. Il n'a pas, ou croit ne pas avoir, les compétences requises. Il doute de lui et a toujours besoin d'être rassuré. Il implore de l'aide.
Conseil : Assurez-vous que ce qu'il vous demande de faire est important pour vous. N'acceptez que si ce qu'il vous confie est important ou si vous en tirez un bénéfice personnel.	**Conseil** : Si vous n'êtes pas disponible, fixez-lui un rendez-vous. Dès qu'il parle, fixez un temps limité. Si vous ne souhaitez pas être dérangé(e), faites-le savoir (ex. : pancarte sur la porte de bureau)	**Conseil** : Rassurez-le sur ses compétences. Valorisez l'erreur, comme source d'apprentissage. Aidez-le à trouver par lui-même les solutions, en le mettant sur la piste.

… et leurs victimes

S'il y a des voleurs de temps, c'est qu'il y a aussi des victimes. Ici encore, la liste n'est pas exhaustive. Saurez-vous vous reconnaître parmi les portraits croqués ci-dessous ? Si vous vous retrouvez dans l'un ou l'autre de ces profils, lisez les conseils qui vous sont donnés pour rester maître de votre temps.

Le sympa	Le perfectionniste	Le « gros bras »
C'est le bon copain, toujours prêt à rendre service et à faire plaisir. Il ne sait pas ou n'ose pas dire non, de peur qu'on le rejette ou qu'on lui retire son prix de camaraderie.	Il a le souci de la perfection et redoute la honte liée à l'erreur ou au défaut de compétence. Il a tendance à en faire toujours plus que ce qui lui demandé. Il est rarement satisfait du résultat.	Il est ambitieux, orgueilleux et met un point d'honneur à relever les défis qui lui sont proposés. Il redoute de se montrer vulnérable. Il accepte des charges importantes, sans se plaindre ni demander de l'aide.
Conseil : Dites-vous qu'on n'est pas au travail pour être aimé(e). Être serviable et disponible n'est pas le meilleur moyen d'être respecté. Au contraire, on attire ainsi certains chronophages.	**Conseil** : Dites-vous que la perfection est une illusion. Soyez plus réaliste et plus bienveillant(e) avec vous-même. Donnez-vous des gratifications, soyez fier (fière) de vous !	**Conseil** : Écoutez votre corps. Prenez soin de vous. Ménagez-vous des temps rien que pour vous. Osez demander de l'aide. Accepter ses faiblesses est le signe d'une grande force intérieure.

Le « laborieux »	Le « speed »	Le dépendant
Il a tendance à compliquer ce qu'on lui demande et à se noyer dans un verre d'eau. Il recherche les gratifications pour des réalisations « difficiles ». Il craint l'échec.	Il vit la vie à 100 à l'heure. Il aime jouir de l'instant présent. Il dit facilement oui par défi, par curiosité, par besoin d'être occupé, au risque de ne pas respecter ses engagements.	Il manque de confiance en lui. Il a tendance à faire passer les besoins et les contraintes des autres avant les siens. Il n'ose pas dire non sans culpabiliser et fuit le conflit.
Conseil : Clarifiez la demande et tenez-vous-y. Dites-vous que réussir dans le plaisir et avec fluidité et facilité est possible et plus épanouissant que de réussir dans la douleur.	**Conseil :** Ne vous engagez pas trop vite. Assurez-vous que vous pourrez respecter vos engagements. Profitez du temps présent. Ralentissez le rythme et allégez votre agenda.	**Conseil :** Dites-vous que vos besoins et vos contraintes ont autant de valeur que ceux des autres. Respectez-vous pour vous faire respecter. Vous avez le droit de dire non.

L'influençable	Le sacrificiel	Le « zélé obéissant »
Il est la proie idéale des manipulateurs qui sauront trouver les mots pour lui faire accepter n'importe quoi. Cela peut conduire à une surcharge de travail.	Il a une conscience aiguë de la souffrance des autres et un fort degré d'empathie, ce qui le conduit à satisfaire les besoins des autres avant les siens. Il prend en charge.	Il a une forte conscience professionnelle liée en partie à la peur de l'autorité. Il dit oui par soumission, mais il n'arrive pas toujours à honorer ses engagements.
Conseil : Sachez repérer les manipulateurs qui flattent, qui culpabilisent ou profèrent des menaces voilées. Faites préciser la demande et gagnez du temps avant de répondre. Ne vous engagez pas trop vite.	**Conseil** : Dites-vous que vous n'êtes pas mère Teresa et que vous n'êtes pas là pour panser toute la misère du monde. Laissez les autres prendre leurs responsabilités. Sachez vous protéger et prenez soin de vous.	**Conseil** : Sachez discerner ce qui est important ou non pour vous. Osez refuser ou, a minima, prenez le temps de répondre. Vous devez reconnaître vos compétences et être content(e) de vos réalisations.

Partie

2

—

LE TEMPS ET MOI

TEST N° 1
QUELLES SONT VOS HABITUDES EN MATIÈRE DE GESTION DU TEMPS ?

Notez dans la colonne de droite chaque phrase, selon qu'elle correspond plus ou moins à votre manière habituelle de gérer le temps.

0 Pas du tout ; **1** Parfois ; **2** Souvent ; **3** Toujours.

1. **Je travaille beaucoup, au-delà de mes heures et parfois même le week-end et en vacances.** (Loi d'Illitch)	
2. **Je ne sais pas toujours distinguer l'essentiel de l'accessoire.** (Loi de Pareto)	
3a. **Je ne sais pas toujours quelle activité convient à quel moment.** (Loi de l'Ecclésiaste)	
3b. **Je fais souvent plusieurs choses à la fois.** (Loi de l'Ecclésiaste)	
4. **Mes dossiers et documents s'accumulent jusqu'à remplir la totalité des rangements disponibles.** (Loi de Douglas)	
5a. **Je ne sais pas toujours combien de temps il me faudra pour réaliser une tâche.** (Loi de Parkinson)	

5b. Je me donne / je demande rarement de date butoir. (Loi de Parkinson)	
6. Je fais d'abord ce qui m'intéresse le plus. (Loi de Fraisse)	
7a. L'ordre de réalisation de mes tâches n'est pas clairement défini. (Loi de Taylor)	
7b. J'effectue mes tâches au moment où elles se présentent. (Loi de Taylor)	
7c. J'effectue mes tâches au fur et à mesure qu'elles se présentent. (Loi de Taylor)	
8a. Je suis souvent interrompu(e) dans mon travail. (Loi de Carlson)	
8b. Il m'arrive fréquemment de ne pas réaliser de bout en bout un travail entrepris. (Loi de Carlson)	
9. J'ai tendance à faire d'abord ce qui est le plus facile pour moi. (Loi de Laborit)	
10. J'ai tendance à penser que tout va bien se passer. (Loi de Murphy)	
11. Je constate souvent que la tâche a pris plus de temps que prévu. (Loi de Hofstadter)	
12. Je ne connais/respecte pas mes rythmes personnels. (Loi de Swoboda-Fliess-Teltscher)	
13a. Je travaille souvent dans l'urgence. (Loi de Churchill)	
13b. Je suis très rapide et j'ai tendance à me précipiter dans l'action. (Loi de Churchill)	
14. Je redoute l'avenir au point que la peur d'échouer m'empêche parfois de passer à l'action. (Loi de Perls)	

RÉSULTATS DU TEST N° 1

Dépouillement

Faites un zoom sur les situations que vous avez notées 3. Si aucune d'entre elles n'a reçu la note 3, regardez celles qui sont notées 2. Puis reportez-vous au tableau ci-dessous pour avoir des conseils.

Analyse des résultats et compréhension

1	Loi d'Illitch : Au-delà d'un seuil de travail horaire, le temps passé n'est plus efficace
	⇨ Osez dire non. (Voir la technique du refus, p. 141.) ⇨ Repérez les signes de fatigue et respectez vos besoins physiologiques. (Voir le test « Êtes-vous plutôt du matin ou du soir ? », p. 73.) ⇨ Donnez-vous un temps pour réaliser la tâche qui vous est assignée en faisant preuve de réalisme (conformément à la loi de Hofstadter : « Il faut toujours plus de temps que prévu »).

	⇨ Si vous êtes manager, soyez précis(e) et réaliste quant au délai donné à votre ou vos collaborateurs pour terminer leur tâche. ⇨ Soyez vigilant(e) si vous êtes un « Sois parfait ». (Voir le test « Quels sont vos messages contraignants ? », p. 59.) ⇨ Si vous sentez la fatigue arriver ou la concentration diminuer, il est temps de changer d'activité ou de prévoir une pause. (Voir la technique Pomodoro, p. 119.)
2	**Loi de Pareto : la loi des 80/20**
	⇨ Définissez précisément vos priorités. (Voir la matrice des priorités, p. 30.) ⇨ Il peut être intéressant d'identifier quelles sont les 20 % de tâches qui vous prennent 80 % de votre temps. (Voir l'allégorie pierre/sable, p. 32.)
3	**Loi de l'Ecclésiaste : Un temps pour toute chose, et chaque chose en son temps**
3a	⇨ Il y a un temps pour s'organiser et un temps pour exécuter. Préparer est essentiel. Il faut parfois accepter de perdre du temps pour en gagner. (Voir la section sur la préparation p. 15.) ⇨ Il y a un temps pour le travail et un temps pour le loisir. ⇨ Il y a un temps pour parler et un temps pour se taire. ⇨ De même, il y a un temps pour les activités de réflexion et un temps pour les activités partagées. Tout dépend de vous et de vos biorythmes (voir le test « Êtes-vous plutôt du matin ou du soir ? », p. 73) mais aussi de votre environnement.

3b	⇨ Estimez le temps pour accomplir la tâche qui vous est assignée en faisant preuve de réalisme. (Pensez à la loi de Hofstadter selon laquelle « il faut toujours plus de temps que prévu ».) ⇨ Veillez à terminer chaque tâche commencée. Ce sera d'autant plus difficile que l'on est perfectionniste, « Sois parfait », ou laborieux, « Fais des efforts ». (Voir le test « Quels sont vos messages contraignants ? », p. 59.) ⇨ Il est préférable d'alterner les activités pour garder son enthousiasme et son efficacité.
4	**Loi de Douglas : Plus on a de place, plus on s'étale**
	⇨ Vous devez apprendre à classer et ranger les documents physiques ou numériques. ⇨ Il est important de trier et de se débarrasser des objets et documents inutiles. Pensez à le faire très régulièrement. L'été, période souvent plus calme dans les entreprises, peut être un moment propice. ⇨ Vous devez sélectionner l'information utile. Selon la loi de Pareto, 80 % de la valeur de votre documentation est contenue dans 20 % de ce qu'elle représente en volume. ⇨ Vous devez apprendre à gérer l'information. Les outils Evernote ou OneNote sont adaptés pour cet usage.
5	**Loi de Parkinson : Le travail tend à se dilater pour occuper tout le temps disponible**
5a	⇨ Estimez le temps qu'il vous faut pour accomplir la tâche que vous devez réaliser. Si c'est la 1re fois, soyez large dans votre estimation. (Pensez à la loi de Hofstadter selon laquelle « il faut toujours plus de temps que prévu ».)

	⇨ Lors de votre estimation, demandez-vous combien de temps, raisonnablement, vous devez prendre pour réaliser le travail. Concentrez-vous sur l'essentiel et sur ce qui doit être fait. Ne vous perdez pas dans les détails. (Voir le profil du « Sois parfait », p. 67.) ⇨ Attention à la tendance spontanée à sous-estimer le temps passé ou à passer sur une tâche que nous apprécions. (Voir la loi de Fraisse : « La principale dimension psychologique du temps est liée à l'intérêt porté à l'activité en cours ».) ⇨ S'il s'agit d'une tâche que l'on vous demande de réaliser, faites préciser ce qui est attendu. (Voir l'exercice « Saurez-vous trouver les mots », p. 101.)
5b	⇨ Fixez-vous précisément la date à laquelle votre tâche devra être réalisée. (Voir la définition des objectifs, p. 24.) ⇨ Si l'on vous confie une tâche à réaliser, faites préciser la date butoir et n'hésitez pas à négocier si ce délai n'est pas compatible avec vos contraintes.
6	**Loi de Fraisse : La principale dimension psychologique du temps est liée à l'intérêt porté à l'activité en cours**
	⇨ Il faut vous méfier de la tendance spontanée à faire d'abord ce qui plaît plutôt que ce qui est le plus important. (Voir la matrice des priorités, p. 30.) ⇨ Demandez-vous quelles sont les activités que vous avez coutume de remettre au lendemain. ⇨ Concernant vos activités récurrentes (probablement celles qui constituent le cœur de votre métier), estimez a posteriori le temps objectif que vous y avez passé.

7	**Loi de Taylor : L'ordre dans lequel nous effectuons une série de tâches influe directement sur le temps d'accomplissement de chacune d'entre elles, mais aussi sur le temps global de leur ensemble**
7a	⇨ L'ordre dans lequel doivent se dérouler les tâches peut dépendre de leurs liens de dépendance. D'ailleurs, parfois on dépend du travail de ses collègues pour réaliser le sien. (Voir le graphe de Pert ou le diagramme de Gantt, p. 134-140.) ⇨ L'ordre optimal dépendra de ses rythmes biologiques ou de la cohérence de son activité avec celle de son équipe, service… ⇨ Veillez à ne pas succomber aux lois de Fraisse et de Laborit selon lesquelles « on fait d'abord ce qui nous intéresse et ce qui est facile ».
7b	⇨ Attention, l'ordre dans lequel les tâches doivent être réalisées dépend de leur niveau de priorité. (Voir la matrice des priorités, p. 30.)
7c	⇨ L'ordre dans lequel doivent se dérouler les tâches peut dépendre de leurs liens de dépendance. D'ailleurs, parfois on dépend du travail de ses collègues pour réaliser le sien. (Voir le graphe de Pert ou le diagramme de Gantt, p. 134-140.) ⇨ L'ordre optimal dépendra de ses rythmes biologiques ou de la cohérence de son activité avec celle de son équipe, service…
8	**Loi de Carlson : Faire un travail en continu prend moins de temps qu'en plusieurs fois (ou loi des séquences homogènes)**
8a	⇨ S'interrompre ou être interrompu(e), c'est perdre au moins 3 minutes pour se replonger ensuite dans la tâche. ⇨ Pensez à regrouper les tâches de même nature (ex. : relances téléphoniques, lecture et traitement des mails…).

	⇨ Vous devez également vous protéger des interruptions. Apprendre à dire non (voir la technique du refus, p. 141), informer vos collègues lorsque vous souhaitez ne pas être dérangé(e), poser une pancarte sur votre porte, vous installer dans une salle de travail ou de réunion, renvoyer vos appels, faire du télétravail.
8b	⇨ Faire un travail en continu prend moins de temps qu'en plusieurs fois. Il s'agira ici de se discipliner et d'éviter les distractions. ⇨ Les journées morcelées sont souvent les plus insatisfaisantes. Elles donnent l'impression que l'on n'a rien fait.
9	**Loi de Laborit, ou Loi du moindre effort**
	L'être humain a une tendance naturelle à faire d'abord les choses qui lui font plaisir. L'expérience montre également qu'une tâche pénible ou ennuyeuse sera réalisée plus rapidement si une action plaisante doit lui succéder. Ainsi, vous serez plus efficace si vous commencez plutôt par les tâches pénibles ou difficiles, quitte à vous donner une récompense à l'achèvement de la tâche pour mieux vous motiver.
10	**Loi de Murphy : Rien n'est aussi simple qu'il n'y paraît ; tout ce qui peut tourner mal tournera mal ; chaque chose prend toujours plus de temps qu'on ne le prévoyait au départ**
	⇨ Empiriquement, on constate que chaque chose prend toujours plus de temps qu'on ne le prévoyait au départ. D'où la nécessité d'anticiper les risques et les aléas et de diminuer leur caractère critique. ⇨ L'élaboration de scénarios alternatifs peut vous offrir des voies de sortie si le projet de départ tombe à l'eau. Lorsque vous programmez votre journée de travail, pensez à garder une marge de manœuvre pour les imprévus.

	⇨ Pour éviter les dérapages, des points réguliers peuvent être faits. Si vous constatez un glissement des activités ou un risque de débordement, vous pourrez dès lors prendre les décisions qui s'imposent : reporter l'activité, négocier un délai, déléguer l'activité, décider de ne pas la réaliser. Ces éléments sont abordés dans la partie 1, « Le temps et ses principes », à partir de la page 13 (sur l'anticipation).
11	**Loi de Hofstadter : Il faut toujours plus de temps que prévu, même en tenant compte de la loi de Hofstadter (ou loi de glissement de planning)**
	⇨ Estimez le temps qu'il vous faut pour accomplir la tâche que vous devez réaliser. Si c'est la 1re fois, soyez large dans votre estimation. ⇨ Lors de votre estimation, demandez-vous combien de temps, raisonnablement, vous devez prendre pour réaliser le travail. Concentrez-vous sur l'essentiel et sur ce qui doit être fait. Ne vous perdez pas dans les détails. (Voir le profil du « Sois parfait » p. 67.) ⇨ Attention à la tendance spontanée à sous-estimer le temps passé ou à passer sur une tâche que nous apprécions. (Se reporter à la loi de Fraisse : « La principale dimension psychologique du temps est liée à l'intérêt porté à l'activité en cours ».) ⇨ S'il s'agit d'une tâche que l'on vous demande de réaliser, faites préciser ce qui est attendu. (Voir les corrections du test n° 5, p. 103.) ⇨ Vous pouvez utiliser des rétroplannings pour suivre votre activité. ⇨ Pensez à identifier les aléas possibles et à définir des solutions de repli. ⇨ Prévoyez des marges de manœuvre sur la durée des tâches (ne pas sous-estimer la durée).

	⇨ Faites régulièrement des bilans pour avoir un état des lieux le plus objectif possible. ⇨ Intégrez la loi de Murphy (loi n° 10 : « Rien n'est aussi simple qu'il n'y paraît ») dès la préparation de votre projet, de votre journée…
12	**Loi de Swoboda-Fliess-Teltscher, ou Loi des rythmes biologiques**
	⇨ Demandez-vous quelle est la période de la journée où vous êtes le plus ou le moins performant(e). ⇨ Faites les tests « matin ou soir » et « chronotype ». ⇨ Respectez votre horloge interne. ⇨ Pensez à ménager des temps de récupération. ⇨ Le télétravail peut être une solution à explorer pour économiser du temps de transport et du stress lié au trafic. ⇨ Veillez à équilibrer vie professionnelle et vie personnelle.
13	**Loi de Churchill, Loi de la lenteur efficace, ou « Hâtons-nous lentement »**
13a	⇨ Quand vous dites urgent, connaissez-vous la date butoir ? Sinon, définissez-la ou demandez-la ! ⇨ Vérifiez que ce qui est urgent est aussi important. (Voir la matrice des priorités, p. 30.) ⇨ Votre charge de travail est-elle trop importante ? Notez pendant une semaine ou plus ce que vous faites et le temps que cela vous prend. Puis prenez rendez-vous avec votre manager pour réaménager votre emploi du temps. ⇨ Avez-vous réservé des plages pour les imprévus ?

	⇨ Vous confie-t-on des activités qui sont en dehors de vos missions ? Qui, quelles missions ? Peut-être devez-vous apprendre à dire non ou à négocier ? (Voir la technique du refus, p. 141.) ⇨ Si vous dépendez essentiellement des autres, ne seraient-ils pas chronophages ? (Voir les conseils pour gérer les chronophages, p. 57.)
13b	⇨ Prenez du recul et prenez le temps pour analyser ce qu'il y a à faire et pour planifier. (Voir les techniques de préparation, p. 15.)
14	**Loi de Perls : L'anxiété est ce qui me sépare d'un futur que je ne connais pas**
	⇨ Arrêtez de dramatiser, pratiquez la sophrologie et/ou la méditation pour retrouver de la sérénité. ⇨ Votre inquiétude peut vous aider à préciser les aléas et les risques et à prévoir des solutions de rechange.

TEST N° 2
QUELS SONT VOS MESSAGES CONTRAIGNANTS ?

0 Pas du tout ; **1** Parfois ; **2** Souvent ; **3** Toujours.

	0	**1**	**2**	**3**
1. Je souris et je ris volontiers en parlant avec mes interlocuteurs.	☐	☐	☐	☐
2. Je vois tout de suite les erreurs, les points faibles et je les souligne pour avancer.	☐	☐	☐	☐
3. Même énervé(e), je parais calme.	☐	☐	☐	☐
4. Je me dépêche même si cela n'a pas vraiment d'importance.	☐	☐	☐	☐
5. J'éprouve des difficultés à terminer ce que je commence.	☐	☐	☐	☐

	0	1	2	3
6. Quand cela tourne mal, je fais une pause pour calmer le jeu.	☐	☐	☐	☐
7. Souvent, j'arrive nettement en avance, c'est une question de respect.	☐	☐	☐	☐
8. Je mûris longuement mes décisions.	☐	☐	☐	☐
9. Pour acheter des vêtements, je n'ai pas le temps de faire le tour des magasins.	☐	☐	☐	☐
10. Souvent je réalise que je me suis rendu la tâche inutilement difficile.	☐	☐	☐	☐
11. Quand je parle, je hoche la tête pour susciter l'acquiescement.	☐	☐	☐	☐
12. Je range et je remets les objets en place.	☐	☐	☐	☐
13. Je me demande : « Comment pourrais-je me passer de tel ou tel objet ? »	☐	☐	☐	☐

	0	1	2	3
14. Je demande fréquemment aux autres s'ils sont prêts, car moi je démarre sur les chapeaux de roues.	☐	☐	☐	☐
15. Je me dis : « Cette fois je le fais vraiment bien », et j'ai du mal ensuite à réaliser ce que je souhaite.	☐	☐	☐	☐
16. Je m'habille avec soin pour montrer mon style personnel.	☐	☐	☐	☐
17. Je me déplace en me tenant très droit(e).	☐	☐	☐	☐
18. Lors de mes déplacements, j'emporte plus que le nécessaire.	☐	☐	☐	☐
19. Je pianote avec les doigts, je remue les pieds, les genoux.	☐	☐	☐	☐
20. J'éprouve des difficultés dans des actions où les autres sont à l'aise.	☐	☐	☐	☐
21. Si je me sens un peu nerveux(se), je ris pour aplanir les difficultés.	☐	☐	☐	☐

	0	1	2	3
22. J'aime remettre en cause les avis ou les actes d'autrui.	☐	☐	☐	☐
23. Je m'accommode des situations difficiles, pénibles, beaucoup plus longtemps qu'il ne faudrait.	☐	☐	☐	☐
24. J'en fais trop et trop vite.	☐	☐	☐	☐
25. Pour des choses importantes, je renonce assez vite à mes recherches.	☐	☐	☐	☐
26. Avant de formuler une demande, je dis des paroles aimables.	☐	☐	☐	☐
27. Je rassemble pour les autres des informations ou des objets pouvant les intéresser.	☐	☐	☐	☐
28. Il m'arrive de faire pour les autres ce qu'ils pourraient faire eux-mêmes.	☐	☐	☐	☐
29. Je me heurte fréquemment aux gens ou aux objets.	☐	☐	☐	☐

	0	1	2	3
30. Lorsque j'ai presque terminé, je me relâche et je remets à plus tard.	☐	☐	☐	☐
31. Je me montre de bonne humeur pour cacher mes sentiments désagréables.	☐	☐	☐	☐
32. Je m'arrange pour que tout soit bien fait et justement fait.	☐	☐	☐	☐
33. Je suis plus prudent(e) que la moyenne.	☐	☐	☐	☐
34. J'interromps les autres pour accélérer la discussion.	☐	☐	☐	☐
35. Je suis du genre à être mal organisé(e), à laisser la vaisselle sale s'accumuler.	☐	☐	☐	☐
36. Même en cas d'urgence à traiter, je continue à donner priorité aux autres.	☐	☐	☐	☐
37. Souvent je cache aux autres ce qui a de l'importance pour moi : « C'est mon domaine. »	☐	☐	☐	☐

	0	1	2	3
38. Mon visage me permet de cacher mes sentiments.	☐	☐	☐	☐
39. Quand j'attends, je fais les cent pas de long en large ou je m'agite nerveusement.	☐	☐	☐	☐
40. Parfois je suis tellement en retard pour un rendez-vous que je n'y vais pas.	☐	☐	☐	☐
41. La solitude me rend agité(e) et nerveux(se).	☐	☐	☐	☐
42. En général je ne fais pas confiance aux autres pour agir suffisamment bien.	☐	☐	☐	☐
43. Je peux subir un inconfort physique, longtemps, sans m'en apercevoir.	☐	☐	☐	☐
44. Je marche vite, je mange vite, et je parle vite.	☐	☐	☐	☐
45. J'attends toujours avant de passer à l'action, c'est une question de principe.	☐	☐	☐	☐

RÉSULTATS DU TEST N° 2

Le dépouillement

Inscrivez le chiffre correspondant à chaque numéro de question dans ce tableau, puis faites le total par colonne.

« Fais plaisir »		« Sois parfait »		« Sois fort »		« Dépêche-toi »		« Fais des efforts »	
Questions	Réponses	Questions	Réponses	Questions	Réponses	Questions	Réponses	Questions	Réponses
	(0 à 3)		(0 à 3)		(0 à 3)		(0 à 3)		(0 à 3)
n° 1		n°2		n°3		n°4		n°5	
n° 6		n°7		n°8		n°9		n°10	
n° 11		n°12		n°13		n°14		n°15	
n° 16		n°17		n°18		n°19		n°20	
n° 21		n°22		n°23		n°24		n°25	

n° 26		n°27		n°28		n°29		n°30	
n° 31		n°32		n°33		n°34		n°35	
n° 36		n°37		n°38		n°39		n°40	
n° 41		n°42		n°43		n°44		n°45	
Total		Total		Total		Total		Total	

Analyse des résultats et compréhension

Un **message contraignant** (ou « **driver** ») est un pilote ou un slogan interne qui nous dirige de façon répétitive. Nous n'en comprenons pas forcément les fondements.

Ces drivers sont observables à travers les comportements, les attitudes ou les expressions verbales. Il en existe 5.

Ces messages sont plus particulièrement activés en situation de défi ou de stress. Ils cherchent à nous guider vers un type particulier de réussite et, par voie de conséquence, à nous éloigner de l'échec correspondant. Ils nous orientent vers une vie réussie tant que nous en usons modérément. Mais si l'angoisse ou le sentiment d'une menace sont présents, nous risquons de nous soumettre à un des 5 messages. Nos efforts risquent alors d'être inefficaces, voire même d'agir à contresens. Dans ce cas, la situation empire et bien souvent le stress augmente. Les mêmes habitudes sont ainsi pour nous, tantôt des ressources personnelles positives, tantôt des sources d'ennuis.

L'habitude du « Fais plaisir » vise à obtenir d'autrui des attitudes nourricières comme l'amour ou l'approbation et à éviter l'abandon, le rejet, la solitude. Elle nous aide à établir et à entretenir des relations chaleureuses. Mais une préoccupation excessive en ce domaine peut irriter ceux qui nous entourent, parce qu'ils nous trouvent égocentriques, peu sincères et enclins aux manipulations. Il arrive alors que nous nous sentions coincés dans une situation où nous rendons beaucoup de services aux autres sans recevoir d'eux les attitudes nourricières dont nous avons besoin.

Ses difficultés dans son rapport au temps : Il ne sait ni définir ses priorités ni dire non, il perd son temps en contacts inutiles.

Les permissions : Faites-vous plaisir, pensez aussi à vous, privilégiez ce qui est important pour vous. Apprenez à dire non sans culpabiliser, sachez écourter une conversation. Soyez fier (fière) de vous-même sans attendre de signes de reconnaissance des autres.

L'habitude du « Sois parfait » a pour visée positive d'obtenir le respect pour son savoir ou sa capacité de garder le contrôle des situations et des personnes, et pour visée négative d'éviter la honte liée aux erreurs et à l'incompétence. Elle nous aide à bien réussir des activités qui demandent un raisonnement subtil, de vastes connaissances, ou une grande attention aux détails. L'exagération de ce driver risque de nous faire percevoir comme irritants dans nos critiques et déraisonnables dans nos colères ; parfois nous nous trouvons enlisés dans les détails au lieu d'investir notre énergie dans les aspects importants qui, eux, nous auraient assuré le respect d'autrui.

Ses difficultés dans son rapport au temps : Il est très exigeant et souvent insatisfait du résultat. Il a tendance à se noyer dans les détails, à passer plus de temps que nécessaire. Procédant à des contrôles excessifs et scrupuleux, il consacre beaucoup de temps à réaliser et à vérifier. Il ne sait pas déléguer et son emploi du temps est rigide. Il fatigue son entourage par son exigence excessive et son manque de réalisme. En résumé, il manque de souplesse et d'agilité.

Les permissions : Soyez réaliste. Donnez-vous un temps raisonnable pour réaliser vos tâches. Clarifiez votre demande et ne faites pas de sur-qualité. Donnez-vous le droit de réussir. Positivez vos erreurs et recherchez ce qu'elles vous apportent, les enseignements à en tirer. Vérifiez que vous pouvez brillamment réussir sans être parfait(e). Acceptez avec sérénité que la perfection n'existe pas et que vous ne pouvez pas tout maîtriser. Acceptez vos limites et donnez-vous le droit à l'erreur.

Dites-vous que l'erreur est source d'apprentissage et de connaissance de soi.

L'habitude du « Sois fort » vise à obtenir la sécurité en affichant des certitudes et en contrôlant ses émotions, et à éviter toute vulnérabilité, toute dépendance, toute situation où l'on est pris de court. Elle nous aide à prendre des responsabilités, à agir avec prudence, et à nous appuyer sur nous-mêmes. Si par contre nous dépassons la mesure, notre prudence nous fait passer pour lents, en retrait ou insensibles, et il se peut que nous nous sentions bloqués parce que nous prenons soin des autres sans obtenir la sécurité recherchée.

Ses difficultés dans son rapport au temps : Il est lent et surestime ses capacités. Masquant ses émotions, il a tendance à faire cavalier seul et à se couper du contact avec les autres. Il ne délègue pas et ne sait pas demander de l'aide, d'où un risque de surmenage. Il n'admet pas ses erreurs et celles des autres. Son goût excessif pour les actions héroïques et dangereuses l'amène parfois à prendre des risques inconsidérés.

Les permissions : Osez vous ouvrir aux autres, être authentique et vrai(e). Osez montrer vos faiblesses, vos émotions et vos doutes. Faites confiance aux autres, tout en restant lucide. Apprenez à déléguer, à demander conseil et à demander de l'aide.

L'habitude du « Dépêche-toi » vise d'une part à obtenir des gratifications (n'importe quelle jouissance, et tout de suite) ; d'autre part, elle cherche à éviter l'état de manque lié à l'impression d'être passé à côté de quelque chose ou d'avoir perdu son temps. Elle nous aide à passer à la décision, à être efficace et à profiter au maximum de la vie. Si ce driver est trop actif, nous risquons d'apparaître exigeants ou impatients à l'excès ; il se peut aussi qu'à force de nous dépêcher, nous poursuivions trop de projets pour avoir le temps de prendre du plaisir, que nous ayons des accidents en nous déplaçant à grande vitesse, ou que nous commettions des erreurs qui nous ralentissent.

Ses difficultés dans son rapport au temps : Il est souvent en retard, car il ne sait pas estimer la durée des tâches, ni les programmer dans le temps, ni les hiérarchiser. Confondant l'urgent et l'important, il a des difficultés à se concentrer. Il a aussi tendance à attendre le dernier moment pour donner une réponse ou rendre un travail. Nerveux, impatient, il a souvent plusieurs projets en même temps, d'où des erreurs et des oublis. Il communique son stress à son entourage ; son agitation et sa fébrilité le conduisent fréquemment au surmenage.

Les permissions : Ce livre est pour vous. Apprenez à gérer votre temps. Prenez du plaisir à ce que vous faites. Disciplinez-vous pour ne pas trop en faire, respectez les délais qui vous sont donnés, honorez les rendez-vous en étant ponctuel(le), prévenez en cas de retard. Prenez le temps de faire ce que vous avez décidé de faire, ce qui est important pour vous. Prenez le temps de ne rien faire.

L'habitude du « Fais des efforts » vise à obtenir des récompenses pour des réalisations difficiles, et à éviter l'échec, c'est-à-dire la frustration, la confusion, la sensation d'être soumis au contrôle d'autrui. Elle nous aide à relever des défis et à nous engager dans des entreprises que bien d'autres trouveraient trop ardues. Une exagération de ce driver nous amène à être perçus comme des individus qui se font une montagne de la moindre difficulté, qui sèment la confusion en eux-mêmes et chez les autres, et qui ont du ressentiment contre les autorités légitimes ; il nous arrive aussi de constater que nous donnons plus d'importance à la lutte, ou au fait d'agir à notre guise, qu'au résultat lui-même. Cela peut nous empêcher d'être récompensés pour avoir accompli quelque chose.

Ses difficultés dans son rapport au temps : Il pose beaucoup de questions de détail et se noie dedans, en perdant de vue l'objectif. Il a tendance à compliquer les choses et à choisir le chemin le plus difficile. Il se donne du mal, s'y reprend à plusieurs fois mais a quand même du mal à terminer son travail. Il fait tout pour qu'on le plaigne. Ne profitant pas des enseignements des expériences passées et ayant des difficultés à hiérarchiser ses priorités, il est désordonné et instable.

Les permissions : Acceptez de réussir à votre mesure et d'obtenir des résultats sans vous fatiguer. Prenez du plaisir à ce que vous faites. Commencez des petites tâches, finissez-les et fêtez-les. Mettez une date d'échéance et respectez-la.

Lorsqu'un driver est important pour soi, on s'attend généralement à le retrouver chez les autres. Si ce n'est pas le cas, on se sent désorienté, frustré, ennuyé, et, bien souvent, eux aussi.

Lorsque deux drivers sont importants, il arrive que l'un d'eux serve à compenser l'autre ; « être forts » nous aide par exemple à être assez prudents pour éviter de trop « nous dépêcher » en faisant de la vitesse.

Lorsque deux drivers, ou davantage, sont à la fois importants et exagérément actifs, il peut nous sembler impossible de les concilier, malgré la pression intense qui nous y pousse. Par exemple : si nous prenons le temps d'« avoir raison » sur chaque détail, notre côté « dépêche-toi » peut ressentir de la panique ; mais si nous accélérons pour satisfaire celui-ci, le côté qui veut « avoir raison » risque de s'affoler à son tour. Dans ce cas, le stress supplémentaire amené par l'excès d'activité des deux drivers s'accroît encore en fonction du conflit interne qu'ils provoquent.

TEST N° 3
ÊTES-VOUS PLUTÔT DU MATIN OU DU SOIR ?

Source : J. A. Horne et O. Östberg, « A self-assessment questionnaire to determine morningness-eveningness in human circadian rhythms », *International Journal of Chronobiology*, vol. 4, p. 97-110, 1976.

Vous ignorez peut-être si vous êtes du matin ou du soir. Mais si vous avez des difficultés à vous lever chaque jour de la semaine pour aller travailler et que vous dormez jusqu'à 11 heures chaque dimanche, c'est que vous êtes probablement du soir. À l'inverse, si vous vous couchez à 22 heures pour vous réveiller de vous-même à 6 heures, vous êtes du matin.

Votre chronotype détermine vos périodes d'éveil et de sommeil. Son respect vous garantit une pleine forme et une meilleure santé mentale et physique.

Ce test vous permettra de le déterminer.

1. Si vous viviez à votre rythme (celui qui vous plaît le plus), à quelle heure vous lèveriez-vous, étant entièrement libre d'organiser votre journée ?

1. ☐ Entre 11 heures et midi

2. ☐ Entre 9 h 45 et 11 heures

3. ☐ Entre 7 h 15 et 9 h 45

4. ☐ Entre 6 heures et 7 h 15

5. ☐ Entre 5 heures et 6 heures

2. Si vous viviez à votre rythme (celui qui vous plaît le plus), à quelle heure vous mettriez-vous au lit, étant entièrement libre d'organiser votre journée ?

1. ☐ Entre 2 heures et 3 heures

2. ☐ Entre 0 h 45 et 2 heures

3. ☐ Entre 22 h 45 et 0 h 45

4. ☐ Entre 21 h 30 et 22 h 45

5. ☐ Entre 20 heures et 21 h 30

3. Si vous devez vous lever tôt, l'utilisation d'un réveil vous est-elle encore nécessaire ?

1. ☐ Beaucoup
2. ☐ Assez
3. ☐ Peu
4. ☐ Pas du tout

4. Dans des conditions adéquates (environnement favorable, sans contraintes particulières…), à quel point vous est-il facile de vous lever le matin ?

1. ☐ Pas facile du tout
2. ☐ Pas très facile
3. ☐ Assez facile
4. ☐ Très facile

5. Comment vous sentez-vous durant la demi-heure qui suit votre réveil du matin ?

1. ☐ Endormi(e)
2. ☐ Peu éveillé(e)
3. ☐ Assez éveillé(e)
4. ☐ Tout à fait éveillé(e)

6. Quel est votre appétit durant la demi-heure qui suit votre réveil le matin ?

1. ☐ Pas bon du tout

2. ☐ Pas bon

3. ☐ Assez bon

4. ☐ Très bon

7. Comment vous sentez-vous durant la demi-heure qui suit votre réveil le matin ?

1. ☐ Très fatigué(e)

2. ☐ Relativement fatigué(e)

3. ☐ Relativement en forme

4. ☐ Très en forme

8. Quand vous n'avez pas d'obligations le lendemain, à quelle heure vous couchez-vous – par rapport à votre heure habituelle de coucher ?

1. ☐ Plus de deux heures plus tard

2. ☐ Une à deux heures plus tard

3. ☐ Moins d'une heure plus tard

4. ☐ Rarement ou jamais plus tard

9. Vous avez décidé de faire du sport. Un(e) ami(e) vous propose une séance d'entraînement 2 fois par semaine, de 7 heures à 8 heures. Compte tenu du rythme qui vous convient le mieux, dans quelle forme pensez-vous être en l'accompagnant ?

1. ☐ Vous trouvez cela très difficile

2. ☐ Vous trouvez cela difficile

3. ☐ Forme raisonnable

4. ☐ Bonne forme

10. À quel moment de la soirée vous sentez-vous fatigué(e) au point de vous endormir ?

1. ☐ De 1 h 45 à 3 heures

2. ☐ De 0 h 30 à 1 h 45

3. ☐ De 22 h 15 à 0 h 30

4. ☐ De 21 heures à 22 h 15

5. ☐ De 20 heures à 21 heures

11. Vous souhaitez être au mieux de votre forme pour un examen qui vous demande un effort intellectuel intense durant deux heures. On vous donne le choix entre plusieurs périodes. Laquelle choisiriez-vous ?

0. ☐ De 19 heures à 21 heures

2. ☐ De 15 heures à 17 heures

4. ☐ De 11 heures à 13 heures

6. ☐ De 8 heures à 10 heures

12. Après vous être couché(e) à 23 heures, le lendemain, vous vous sentez ?

0. ☐ Pas du tout fatigué(e)

2. ☐ Un peu fatigué(e)

3. ☐ Relativement fatigué(e)

5. ☐ Très fatigué(e)

13. Pour une raison quelconque, vous vous couchez quelques heures plus tard que d'habitude, mais vous n'êtes pas obligé(e) de vous lever à une heure précise le lendemain. Laquelle des propositions suivantes choisiriez-vous ?

1. ☐ Vous vous réveillez plus tard que d'habitude

2. ☐ Vous vous réveillez comme d'habitude mais vous vous rendormez

3. ☐ Vous vous levez comme d'habitude mais vous vous recouchez par la suite

4. ☐ Vous vous réveillez comme d'habitude et vous ne vous rendormez plus

14. Vous devez aller chercher un(e) ami(e) entre 4 heures et 6 heures à l'aéroport. Vous n'avez pas d'obligation le lendemain. Laquelle des propositions suivantes vous convient le mieux ?

1. ☐ Vous n'irez au lit qu'à votre retour de l'aéroport

2. ☐ Vous faites une sieste pendant la journée précédente et dormez après avoir été chercher votre ami(e)

3. ☐ Vous dormez bien avant et faites une sieste après

4. ☐ Vous dormez ce qu'il vous faut avant et ne vous recouchez pas après

15. Vous devez faire deux heures de travail physique intense, mais vous êtes entièrement libre d'organiser votre journée. On vous donne le choix entre plusieurs périodes. Laquelle choisiriez-vous ?

1. ☐ De 19 heures à 21 heures

2. ☐ De 15 heures à 17 heures

3. ☐ De 11 heures à 13 heures

4. ☐ De 8 heures à 10 heures

16. Vous avez décidé de faire du sport. Un(e) ami(e) vous propose une séance d'entraînement 2 fois par semaine, de 22 heures à 23 heures. Compte tenu du rythme qui vous convient le mieux, dans quelle forme pensez-vous être en l'accompagnant ?

1. ☐ Bonne forme

2. ☐ Forme raisonnable

3. ☐ Vous trouvez cela difficile

4. ☐ Vous trouvez cela très difficile

17. Si vous deviez choisir un horaire pour travailler cinq heures consécutives, lequel vous retiendriez ?

1. ☐ Entre 17 heures et 4 heures
2. ☐ Entre 13 heures et 18 heures
3. ☐ Entre 9 h 30 et 14 h 30
4. ☐ Entre 8 heures et 13 heures
5. ☐ Entre 4 heures et 9 heures

18. Quand vous sentez-vous le plus en forme ?

1. ☐ Entre 22 heures et 5 heures
2. ☐ Entre 17 heures et 22 heures
3. ☐ Entre 10 heures et 17 heures
4. ☐ Entre 8 heures et 10 heures
5. ☐ Entre 5 heures et 8 heures

19. On dit parfois que quelqu'un est un « sujet du matin » ou un « sujet du soir ». Vous considérez-vous comme étant du matin ou du soir ?

0. ☐ Tout à fait un sujet du soir

2. ☐ Plutôt un sujet du soir

4. ☐ Plutôt un sujet du matin

6. ☐ Tout à fait un sujet du matin

RÉSULTATS DU TEST N° 3

Analyse des résultats et compréhension

Faites le total de vos points aux 19 questions.

Score	Sujets jeunes	Sujets matures (plus de 44 ans)
70-86	Nettement du matin	> 64 : du matin
59-69	Modérément du matin	53-64 : ni du matin ni du soir
42-58	Ni du matin ni du soir	< 53 : du soir
31-41	Modérément du soir	
16-30	Nettement du soir	

Être du soir ou du matin comporte de vraies différences physiologiques.

Les sujets matinaux ont au réveil une vigilance et des performances psychiques, sensorielles et motrices maximales, qui décroissent ensuite progressivement au fil de la journée. Ils se lèvent tôt facilement et sont immédiatement en action. En général, les couche-tôt lève-tôt sont les mieux adaptés à la « vie professionnelle standard ». Ils sortent en général peu, car ils ont du mal à rattraper le matin le sommeil perdu. 25 % de la population serait du matin.

Pour **les sujets du soir**, le réveil s'accompagne d'une élévation modérée de la vigilance. Les performances augmentent ensuite tout au long du jour pour culminer dans les heures qui précèdent une nouvelle nuit de sommeil. Il leur est alors impossible de se coucher ; ils sont actifs et productifs en seconde partie de journée, pour ne pas dire en première partie de nuit. Les sujets du soir peinent à se coucher et peinent à se lever. Cependant, ils sont « en pleine forme » dans la soirée. De fait, ils souffriront beaucoup s'ils doivent aller au travail tôt le matin. 25 % de la population serait du soir.

Les sujets neutres qui seraient tout aussi efficaces en matinée qu'en fin de journée représenteraient environ la moitié de la population.

Cette préférence matin-soir est habituellement fixe et définie chez un individu, puisque génétique ; donc vous la conserverez probablement. Cela peut poser un problème dans la mesure où rythme naturel et rythme social ne s'accommodent pas toujours. Or, force est de constater que les conséquences peuvent être lourdes; certaines dépressions pourraient être causées par des années de rythme social imposé. L'entreprise devrait s'adapter aux différents chronotypes, et pas l'inverse! Ainsi, les salariés seraient bien plus heureux et surtout bien plus productifs.

TEST N° 4
ÊTES-VOUS PLUTÔT MONOCHRONE OU POLYCHRONE ?

Source : *Comment manager son chef*, Philippe Deval, Éditions d'Organisation, 2005.

Ce questionnaire présente 12 situations. Vous trouverez, pour chacune d'elles, deux options A ou B. Choisissez celle qui correspond à ce que vous faites habituellement. Mais retenez bien ce que vous faites, et non ce que vous aimez ou pensez faire.

1. La ponctualité et vous

A ☐ À un rendez-vous, je suis ponctuel(le) et j'aime qu'on le soit.

B ☐ Être à l'heure ne doit pas être une obsession. On peut se permettre une marge de liberté d'une dizaine ou quinzaine de minutes. J'accepte d'ailleurs facilement qu'une personne puisse arriver en retard.

2. Vie privée - vie professionnelle

A ☐ Il faut éviter dans le cadre du travail de se mêler de la vie privée des autres.

B ☐ Quand quelqu'un a des problèmes personnels sérieux, il est important qu'il puisse les évoquer dans le cadre professionnel. Cela peut permettre de débloquer une situation.

3. Votre vision de l'avenir

A ☐ Faire des projets personnels à long terme est sans intérêt. C'est difficilement réaliste. Tellement de choses peuvent arriver.

B ☐ Il faut avoir des objectifs dans la vie et des projets à long terme, car ils permettent de concrétiser ce que l'on veut et où l'on veut aller.

4. Dans une file d'attente…

A ☐ Un attroupement sans ordre strict ne me gêne pas. Cela ressemble à la vie.

B ☐ Dans une file d'attente, j'aime bien l'ordre. Chacun son tour.

5. La gestion de vos dossiers

A ☐ Chaque chose à son heure. Je ne fais qu'une seule chose à la fois, et ce dans un souci d'efficacité.

B ☐ J'aime être engagé(e) dans plusieurs situations ou événements à la fois. J'aime mener plusieurs dossiers de front.

6. Votre emploi du temps

A ☐ J'aime bien fixer un délai aux tâches importantes. Tenir mes engagements et avoir de la méthode, c'est très important.

B ☐ Il y a beaucoup d'impondérables. Il faut savoir faire face aux imprévus. Aussi, j'évite de m'imposer une méthode de travail trop stricte. Une part de création et de liberté est nécessaire.

7. Le travail en groupe

A ☐ Être à plusieurs dans un même lieu permet d'échanger et d'avoir une vie de groupe. Il s'agit d'une méthode de travail efficace et que je recherche.

B ☐ Tout compte fait, je préfère le travail bien compartimenté. Chacun travaille d'abord de son côté, puis on se réunit. Je n'aime d'ailleurs pas déranger et interrompre le travail des autres. Comme, d'ailleurs, je n'apprécie pas du tout d'être interrompu(e).

8. La durée d'une discussion

A ☐ Une fois que l'essentiel est dit, il faut respecter l'horaire établi et passer à la personne ou à la tâche suivante. On n'a pas le droit d'empiéter sur le temps des autres.

B ☐ Je laisse se prolonger une discussion si cela me plaît. Même s'il y a des choses à faire ailleurs. Je ne vais pas interrompre un entretien agréable pour respecter un horaire défini.

9. Suivre un plan

A ☐ Il faut s'adapter et accepter toute modification qui se présente. Même celles qui interviennent à la dernière minute.

B ☐ Un plan, une fois établi, doit être fermement suivi.

10. Votre bureau

A ☐ Je suis relativement mal à l'aise lorsque je pénètre dans un bureau où il y a des dossiers qui traînent et des documents épars.

B ☐ Je ne range jamais immédiatement les dossiers ou travaux que je suis en train de réaliser. Mon bureau est ainsi souvent encombré de documents.

11. Ville ou village

A ☐ J'aime la vie de village. Tout le monde se connaît, dialogue. Je souhaiterais d'ailleurs y habiter.

B ☐ Je trouve un certain charme aux grandes villes. Elles semblent impersonnelles, mais il y a en réalité tellement de choses à voir, à vivre.

12. Vos présentations

A ☐ J'apprécie les exposés bien structurés, aux plans rigoureux que l'on peut entendre. Je suis au contraire excédé(e) dès qu'un orateur ou un interlocuteur utilise trop d'exemples ou prétend revenir sur un thème déjà abordé.

B ☐ Lorsque je présente un exposé ou une conférence à un public restreint, je me surprends souvent à « sauter du coq à l'âne » dans mes propos. Je reviens en arrière, je me souviens d'une chose à dire et je l'explique alors.

RÉSULTATS DU TEST N° 4

Le dépouillement

Indiquez par une croix dans le tableau ci-contre les situations que vous avez choisies.

	A	B
1		
2		
3		
4		
5		
6		
7		
8		
9		
10		
11		
12		

Analyse des résultats et compréhension

Les croix situées dans une case grisée représentent votre **tendance monochrone.**

Les croix situées dans une case blanche représentent votre **tendance polychrone**.

Que signifie le fait d'être monochrone ou polychrone ?

Nous développons intuitivement, mais aussi à travers nos expériences de vie, une relation au temps, singulière, qui diffère selon notre culture.

Edward T. Hall, anthropologue américain et spécialiste de l'interculturel, est l'un des précurseurs de la recherche sur la perception du temps dans les différentes cultures.

Dans « Catégories de temps et relativités culturelles » (extrait de *La danse de la vie*), Edward T. Hall explique qu'il existe deux modèles d'organisation du temps, l'un « monochrone » et l'autre « polychrone ». Selon Hall : « Ces deux systèmes d'organisation sont logiquement et empiriquement tout à fait distincts. Comme l'huile et l'eau, ils ne se mélangent pas. »

Ces perceptions différentes du temps et les comportements qu'elles engendrent représentent une source importante de malentendus, de conflits voire de stress.

Quelle est l'origine des systèmes polychrone et monochrone ?

La question du temps se conçoit à travers la question du langage. En effet, les règles de grammaire commandent nos manières respectives de découper la réalité, expliquent Michel Sauquet et Martin Vielajus dans leur livre *L'intelligence interculturelle*. Par exemple, la langue française opère une distinction très nette entre le passé, le présent et le futur et privilégie donc la chronologie. À l'inverse, le mandarin qui ne conjugue pas (les verbes sont invariables et les temps sont marqués par l'adjonction, avant ou après le verbe, de particules ou d'auxiliaires) n'oppose pas les temps entre eux. Il en résulte une vision du temps cyclique.

Quelles sont les spécificités des deux systèmes ?

Le système « monochrone » est courant en Europe du Nord et en Amérique du Nord. La conception du temps est, ici, linéaire ou séquentielle ; le temps est considéré comme quelque chose de tangible, divisé en éléments fixes qui peuvent être organisés et programmés. Il est donc possible de planifier le temps, de le contrôler, de le gaspiller, de le gagner ou de le perdre. L'organisation monochrone est ainsi un système de classification qui crée de l'ordre dans la vie. Ses règles s'appliquent à tout, sauf à la naissance et la mort. Cette organisation a probablement permis à la civilisation industrielle de se développer autant.

Dans le système monochrone, les structures temporelles sont arbitraires et imposées ; elles nécessitent un apprentissage de la part des individus. Elles sont profondément ancrées dans notre culture occidentale et semblent représenter le seul moyen d'organiser toute activité. Ces structures ne sont pourtant pas inhérentes aux rythmes biologiques de l'être humain et elles ne font pas partie non plus de sa nature.

La vie professionnelle et sociale est dominée par un horaire ou un programme, ce qui pousse à établir constamment des priorités. « On traite d'abord les affaires importantes, en y consacrant la plus grande partie du temps disponible, et en dernier lieu seulement les affaires secondaires que l'on néglige ou abandonne si le temps manque », nous dit Hall. Les personnes monochrones aiment prévoir et anticiper, faire des listes, garder une trace de leurs activités et gérer leur temps. Elles préfèrent faire une seule chose à la fois et aller jusqu'au bout de ce qu'elles ont commencé. Les cultures monochrones tendent à attribuer un caractère sacré à l'organisation. Mais dans certains cas, ce n'est pas efficace, car la vie est parfois imprévisible et il est nécessaire de savoir s'adapter aux contingences, ce que l'on appelle aujourd'hui dans les entreprises l'agilité.

Le système « polychrone » correspond à une vision plus méditerranéenne. On va le retrouver dans le monde arabe, en Amérique latine, en Afrique et en Asie. Dans ce système, le monde est instable, changeant, « rien n'est solide ou ferme, en particulier les projets que l'on établit pour le futur; même des projets importants peuvent être modifiés jusqu'à la dernière minute », précise Hall.

Les personnes polychrones préfèrent ne pas structurer leur temps, elles aiment passer d'une activité à une autre et être engagées dans plusieurs événements, situations ou relations à la fois. Elles accordent une importance particulière aux relations interindividuelles. Ainsi, il faudra éviter d'interrompre une personne polychrone, au cours d'un entretien, seulement parce qu'on veut respecter l'horaire prévu. Elles aiment avoir la main sur ce qu'elles font mais n'aiment pas se voir imposer des plans d'action et n'éprouvent pas le besoin d'en établir. Le temps est rarement perçu comme « perdu ». « Les rendez-vous ne sont pas pris au sérieux, et par conséquent, souvent négligés ou annulés », observe Hall.

Un système est-il meilleur qu'un autre ?

Pour Edward T. Hall, chaque système a sa logique et sa vertu. Ainsi, si l'approche séquentielle du monochrone semble plus efficace dans un environnement stable, elle est au contraire inadaptée pour des réalisations créatives de type non linéaire.

Lorsque deux personnes, chacune appartenant à un des deux systèmes, sont amenées à interagir, à travailler ensemble… il est fréquent que cela pose de sérieux problèmes. À commencer par le respect de l'heure convenue pour la réunion et le respect des délais et des échéances. Pour travailler en bonne intelligence, il est important de ne pas succomber aux jugements moraux. Michel Sauquet et Martin Vielajus nous rappellent que « ce que nous estimons être chez l'autre de la lenteur ou un manque d'investissement professionnel est parfois un art de l'action qui a lui aussi son efficacité ».

Les méthodes modernes de gestion et de management privilégient l'organisation monochrone aux dépens de l'organisation polychrone, plus difficile à gérer et à planifier. En fait, dans notre culture, quasiment tout fonctionne pour, et en vue d'une approche monochrone du monde. Cependant, l'aspect inhumain des modèles monochrones est particulièrement aliénant.

Les modèles monochrones et les modèles polychrones ne sont néanmoins pas tous semblables : chaque modèle pourra être monochrone dans certaines circonstances et polychrone dans un autre contexte. Par exemple, les Japonais sont polychrones à l'égard d'eux-mêmes, quand ils sont entre eux et travaillent entre eux. Mais dans leurs rapports aux cultures occidentales, ils ont adopté le système temporel dominant chez les Occidentaux, à savoir le mode d'organisation monochrone.

Enfin, même si l'on dit que le système occidental est principalement monochrone, la réalité est plus contrastée. Le système est en fait plutôt mixte. Ainsi, on observe que la monochronie domine le domaine des affaires, de l'État, du travail, des loisirs et des activités sportives, alors que la polychronie structure la vie domestique. Le mode d'organisation polychrone permet au quotidien de faire face aux imprévus qui ne manquent pas. En ce qui concerne les Français, ils sont intellectuellement monochrones, mais leurs comportements sont polychrones.

TEST N° 5
SAUREZ-VOUS TROUVER LES MOTS POUR MIEUX GÉRER VOTRE TEMPS ?

Si on vous dit…	Vous répondez…
❶ J'en ai besoin, c'est urgent.	
❷ Passez me voir le plus tôt possible.	
❸ Il faudra qu'on se voie, j'ai à vous parler.	
❹ Vous penserez à me remettre votre rapport.	
❺ Il faut que vous fassiez ceci.	
❻ Vous viendrez quand vous aurez un moment.	
❼ Puis-je vous voir un instant ?	
❽ On verra plus tard.	
❾ Le mieux, c'est que vous rappeliez.	
❿ Je ne peux pas maintenant.	

Si vous êtes tenté(e) de dire…	Préférez plutôt…
❶ Pas de coup de fil important pendant mon absence ?	
❷ Il n'y en a plus.	
❸ Ce n'est pas le moment.	
❹ Vous en avez encore pour longtemps ?	
❺ Quelqu'un s'en occupera.	
❻ Il n'y a rien de particulier dans le courrier.	
❼ Ce n'est pas moi qui décide.	
❽ Il faut faire au plus vite.	
❾ Vous le donnerez au secrétariat.	
❿ Je compte sur vous pour le délai.	

RÉSULTATS DU TEST N° 5

Si on vous dit…	Vous répondez…
❶ J'en ai besoin, c'est urgent.	Pour quand le voulez-vous ? De quoi s'agit-il ?
❷ Passez me voir le plus tôt possible.	D'accord, cet après-midi à X heure. De quoi parlerons-nous ? Pour combien de temps en aurons-nous ?
❸ Il faudra qu'on se voie, j'ai à vous parler.	À quel sujet ? Quand voulez-vous que l'on se voie ?
❹ Vous penserez à me remettre votre rapport.	Oui, vendredi matin 10 heures sur votre bureau.
❺ Il faut que vous fassiez ceci.	Qu'attendez-vous exactement ? Pour quand précisément ?
❻ Vous viendrez quand vous aurez un moment.	Demain à 17 heures, si un quart d'heure suffit.

❼ Puis-je vous voir un instant ?	Pour combien de temps ? C'est à quel sujet ?
❽ On verra plus tard.	Pour quand prenons-nous rendez-vous ?
❾ Le mieux, c'est que vous rappeliez.	Quand ?
❿ Je ne peux pas maintenant.	Quand pourrez-vous ?

Si vous êtes tenté(e) de dire…	Préférez plutôt…
❶ Pas de coup de fil important pendant mon absence ?	Qui a appelé en mon absence ?
❷ Il n'y en a plus.	Nous en aurons pour la fin du mois.
❸ Ce n'est pas le moment.	Je serai disponible dans 15 minutes.
❹ Vous en avez encore pour longtemps ?	Pour combien de temps en avez-vous ?
❺ Quelqu'un s'en occupera.	M. Martin s'en occupera pour la semaine prochaine.
❻ Il n'y a rien de particulier dans le courrier.	Qu'y a-t-il au courrier ?
❼ Ce n'est pas moi qui décide.	Je dois poser la question à M. Dupont pour pouvoir vous répondre.
❽ Il faut faire au plus vite.	J'en ai besoin pour vendredi à midi.
❾ Vous le donnerez au secrétariat.	Vous le donnerez à Christiane jeudi matin.

⑩ Je compte sur vous pour le délai.	Cette proposition doit partir au courrier de vendredi. Je compte sur vous pour que cet engagement soit respecté.

PARTIE 3 – LE TEMPS ET SES OUTILS

Il existe **4 familles d'outils** pour mieux gérer son temps :

- Les pense-bêtes
- Les outils d'organisation
- Les outils de planification
- Les outils de développement personnel

Nous ne détaillerons pas tous ces outils, mais nous zoomerons sur certains d'entre eux.

Les outils de gestion du temps

Les pense-bêtes

Post-it, bloc-notes, mémos (Sticky Notes)
Gestionnaire de tâches : To do list (papier, Velleda, Excel, Word…)
Astrid, Any.do, Remember the Milk, Google Tasks…
Mind Mapping (FreeMind, Freeplane, My Maps, TheBrain…)
Cahier de notes

Les outils d'organisation

Les lois de la gestion du temps
Les réflexes efficaces
Carré des priorités
Méthodologie de préparation
Définir un objectif
Carnet d'adresses
Technique Pomodoro
En cours (corbeilles/banettes)
Animation de réunion
Techniques d'entretien
Gestion des mails, Skype et Zoom…

Les outils de planification

Agenda personnel
Agenda partagé
Doodle
Calendrier
Plan de journée/hebdo/annuel
Mémo-plan (échéancier mensuel)
Plan d'action
Planisware, Clarity, Primavera, Microsoft Project…
Graphe de Pert
Diagramme de Gantt

Les outils de développement personnel

Savoir dire non
Oser demander
Le « message-je »
Le recadrage des croyances
Les tests de connaissance de soi

LES PENSE-BÊTES

La to do list

La to do list est une check-list des tâches à réaliser. Elle permet de ne rien oublier, de se libérer l'esprit et de suivre l'avancée des activités. De plus, elle est gratifiante, car lorsque l'on coche la case située devant une tâche qu'on vient de terminer, cela confirme qu'on accomplit des choses, qu'on atteint ses objectifs et qu'on est efficace.

Il existe de nombreux outils informatiques gratuits pour créer et organiser une to do list. Ces outils vont souvent au-delà de la simple check-list. Voir la liste ci-après.

Cependant, la bonne vieille méthode papier crayon est aussi efficace. Il vous suffit de prendre une feuille format A5 ou A6. Cela permet de l'avoir avec soi, de ne pas trop la surcharger au risque de reporter au lendemain et de nourrir de la déception vis-à-vis de soi-même. On peut découper sa feuille en 2 : matin et après-midi, et situer les actions dans le temps. On peut également les classer par ordre de priorité et/ou en fonction de l'ordre dans lequel elles doivent être faites (certaines tâches dépendent d'autres).

Il peut être utile de surligner l'activité prioritaire, la mission du jour, celle que vous ne pouvez pas repousser ou abandonner.

Quelques logiciels gratuits

(Source : CodeurBlog, post de Fabien Berthoux)

POMOTODO
Un outil de to do list pour arriver à planifier vos tâches et les réaliser avec efficacité.

ANY.DO
Une application pour gérer vos tâches facilement. Une interface minimaliste et une expérience utilisateur très efficace.

REMEMBER THE MILK
Une application complète pouvant se greffer avec de nombreux services comme Twitter, Gmail, Evernote… Vous pourrez facilement ajouter des tâches, les géolocaliser, les partager avec votre entourage et les filtrer de façon intelligente.

GOOGLE KEEP

Keep propose de créer et gérer facilement des notes et des listes.

TRELLO

Cet outil permet d'organiser et de décomposer vos objectifs en sous-tâches. Vous pouvez créer plusieurs tableaux (un par client par exemple), créer des listes avec des cartes et y ajouter des check-lists.

TOODLEDO

Toodledo vous permet de planifier vos tâches. L'application peut être synchronisée sur votre ordinateur, votre smartphone et votre tablette. Vous pouvez personnaliser chacune de vos tâches avec des sous-tâches, des notes additionnelles, des ordres de priorité…

Le Kanban et les Post-it

Si les to do list vous exaspèrent ou vous angoissent, essayez le Kanban.

Mais de quoi s'agit-il ?

Le Kanban est une méthode de gestion de production à stock zéro, qui fonde tout son fonctionnement sur la circulation d'étiquettes (kanban en japonais). Elle s'est développée au Japon après la Deuxième Guerre mondiale et a été élaborée par M. Ohno dans l'entreprise

Toyota. À l'origine, le Kanban était utilisé dans le monde industriel, mais il est très facilement transposable à toutes sortes de projets professionnels ou personnels : organisation de ses tâches quotidiennes, réalisation d'une convention, écriture d'une thèse, construction d'une maison…

Mon Kanban personnel		
À faire	En cours	Terminé ;-)
Annif' Julie Géo Test physique Prépa math Relire les notes français Finale Basket	Essai histoire machines de De Vinci Révisions intégrales !!!...	Essai géo-pol ! Examen philo Homo Ludens ! Mindmap histoire des sciences

De quel matériel aurez-vous besoin ?

Il vous faudra une pile de Post-it de différentes couleurs et un tableau blanc ou une grande feuille de tableau de papier que vous aurez scotchée au mur.

Vous tracez 3 colonnes sur la feuille.

Colonne de gauche : « À faire ». Ce sont toutes les tâches qui n'ont pas encore été commencées et qui doivent être réalisées.

Colonne centrale : « En cours ». Ce sont toutes les tâches qui ont été commencées.

Colonne de droite : « Terminé ». Ce sont toutes les tâches terminées.

Comment procéder ?

La première étape consiste à noter sur des Post-it les tâches à faire, une par Post-it. Les couleurs des Post-it peuvent signifier le degré de priorité, la catégorie de tâche, le projet dans lequel la tâche s'inscrit…

Ensuite, vous placez tous les Post-it dans la colonne de gauche « À faire ».

Lorsque vous êtes prêt, vous déplacez 1 ou 2 Post-it dans la colonne du milieu « En cours » et vous passez à l'action. Vous devez limiter le nombre de Post-it de la colonne « En cours » à un nombre précis (idéalement 2 ou 3), auquel il faut vous tenir. Une fois la tâche effectuée, le Post-it passe dans la colonne de droite « Terminé ». Vous pouvez alors retourner chercher un Post-it dans la colonne « À faire » et recommencer, jusqu'à épuisement des Post-it.

Le nombre de colonnes n'est pas fixe et le nom des colonnes dépend de votre façon de travailler. Par exemple, vous pouvez ajouter une colonne « En attente » pour les tâches qui nécessitent un retour d'autrui ou une colonne « Prêtes » située entre « À faire » et « En cours »; car toutes les tâches « À faire » ne sont pas toujours faisables immédiatement.

Cet outil peut être utile si l'on partage les tâches à plusieurs; celles-ci étant mises en commun, chacun va en prendre une lorsqu'il est disponible.

Ainsi, vous pouvez visualiser votre travail; n'oubliez pas que l'idéal est de réduire au minimum, dans la colonne centrale, les tâches en cours, celles qui, non terminées, s'accumulent et nous stressent le plus.

Pour aller plus loin, nous vous recommandons le livre de Pierre Mongin (voir bibliographie, p. 155).

Le Mind mapping (carte mentale ou carte heuristique)

Le Mind mapping est une représentation visuelle des idées et des informations sous la forme d'une carte, composée de sujets principaux, secondaires et de leurs relations, déployés autour d'une idée centrale.

La carte mentale permet d'organiser graphiquement nos idées autour d'un projet ou d'un objectif pour en définir les étapes et les tâches à réaliser. Elle présente comme intérêt d'être évolutive (cela est d'autant plus facile avec une application informatique) et de s'adapter au fur et à mesure de l'avancement des étapes. Ainsi, il est possible à tout moment d'optimiser sa liste, en ajoutant ou en modifiant différents aspects :

La chronologie : des objectifs, des étapes, des tâches.

Le contenu : on peut ajouter des idées, des exemples, des trucs/astuces, des options, des alternatives,… comme sur un pense-bête. On peut également ajouter des détails spécifiques et inattendus.

La visualisation : on peut aussi signifier par un code couleur des éléments prioritaires ou qui nécessitent une vigilance particulière. On peut enfin utiliser des dessins et des graphiques qui présentent l'intérêt d'aider à la mémorisation.

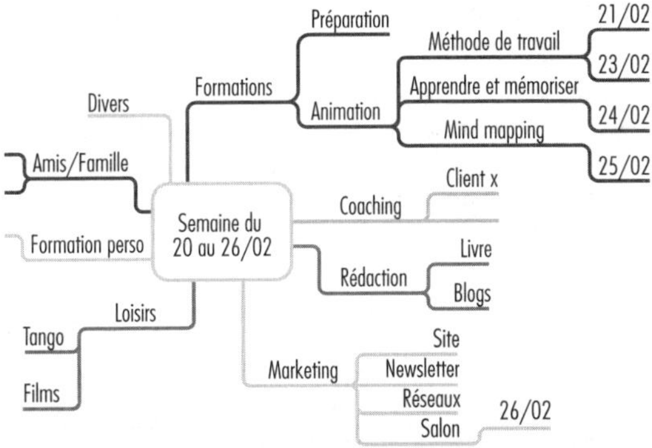

En résumé, une mind map peut vous servir à :

- Construire une check-list ;
- Diviser un sujet, un gros projet, en étapes et sous-étapes ;
- Synthétiser/résumer les parties importantes d'un cours ou d'une formation ;
- Préparer la rédaction d'un texte long (rapport de stage, roman, thèse…) ;
- Préparer un entretien, une réunion, un événement… ;
- Faire une liste des équipes et personnes impliquées dans un projet collaboratif ;
- Faire et gérer une « liste des choses à faire », ou to do list.

Le logiciel libre XMind permet de créer, entre autres, des cartes heuristiques. Il est très simple d'utilisation. L'application permet d'ajouter des images et des liens, d'insérer du texte, d'intégrer des marqueurs pour indiquer la priorité, par exemple, d'annoter votre case…

LES OUTILS D'ORGANISATION

Les cinq premiers outils mentionnés dans la matrice page 109 ont déjà été abordés dans la partie 1. Nous en verrons d'autres ci-après.

La méthode Pomodoro

La technique Pomodoro est une technique de planification développée par Francesco Cirillo à la fin des années 1980. Elle nécessite l'utilisation d'un minuteur qui permet de cadencer son activité en alternant des périodes de travail de 25 minutes appelées pomodori (« tomates » en italien) et de courtes pauses. Cette méthode favorise l'agilité intellectuelle.

Les 5 étapes de la méthode pomodoro

1. Décidez de la tâche à effectuer.
2. Réglez le minuteur sur 25 minutes.

3. Travaillez sur la tâche jusqu'à ce que le minuteur sonne et notez-la comme réalisée.

4. Prenez une courte pause de 5 minutes.

5. Toutes les 4 périodes de 25 minutes, prenez une pause un peu plus longue (15-20 minutes).

Quelques conseils pour gagner du temps en réunion

En tant qu'animateur…

1. Préparez l'ordre du jour, le contenu et la liste des participants 10 jours avant. Allouez un budget temps précis pour chaque point à l'ordre du jour. Prévoyez un temps pour les points inattendus.

2. Envoyez l'ordre du jour (et les documents à lire) une semaine avant. Précisez l'heure de fin de la réunion sur l'ordre du jour.

3. Arrivez en avance pour installer la salle et vérifier les équipements.

4. Commencez à l'heure, même s'il y a des retardataires.

5. Précisez en début de réunion les objectifs, les horaires et l'ordre du jour.

6. Attribuez le rôle de secrétaire de séance et de gardien du temps en début de réunion ou au préalable.
7. Veillez à faire respecter le temps alloué à chaque séquence et, si nécessaire, recentrez les digressions ou recadrez les comportements « déviants ».
8. Regardez votre montre de temps en temps.
9. Reformulez, récapitulez à la fin de chaque point pour permettre au secrétaire de noter l'essentiel.
10. Organisez une brève évaluation en fin de réunion pour améliorer, s'il y a lieu, la gestion du temps.
11. Envoyez le compte-rendu au plus tard dans la semaine.

En tant que participant…

1. Informez-vous de l'ordre du jour à l'avance et demandez-le s'il tarde à venir.
2. Faites préciser l'heure de fin de la réunion.
3. Si, à la lecture de l'invitation, vous ne vous sentez pas concerné(e) par la réunion, informez-en l'animateur et ne vous présentez pas à la réunion.
4. Avant de vous rendre à la réunion, réfléchissez aux informations que vous en attendez, lisez les documents envoyés et préparez ce qui a été demandé ou

les documents nécessaires à votre intervention, le cas échéant.

5. Arrivez un peu en avance à la réunion.
6. Venez à la réunion avec votre agenda.
7. Si vous souhaitez ajouter personnellement des points à l'ordre du jour, mentionnez-le en amont ou au tout début de la réunion.
8. Pendant la réunion, faites des interventions courtes, précises et pertinentes.
9. N'hésitez pas à recentrer ou à recadrer poliment vos collègues.
10. Sachez précisément ce qu'on attend de vous et à quelle échéance exactement, avant de quitter la réunion.

Quelques conseils pour gagner du temps en entretien

1. Bloquez dans votre agenda les plages de temps pour les entretiens prévus.
2. Gardez 10 à 15 minutes de battement avant l'entretien (ou entre 2 entretiens).

3. Avant l'entretien, préparez les principaux points à aborder et tous les documents nécessaires, et basculez votre ligne (sinon, vous filtrerez les appels). Indiquez que vous ne souhaitez pas être dérangé(e).
4. Commencez l'entretien à l'heure prévue.
5. Au début, récapitulez avec votre interlocuteur les objectifs et la durée de l'entretien, ainsi que les points à aborder.
6. Pendant l'entretien, dites non aux dérangements éventuels.
7. Restez concentré(e) sur le sujet et recentrez en cas de digressions.
8. Pendant l'entretien, gardez votre canevas sous les yeux et vérifiez au fur et à mesure que les principaux points ont bien été abordés.
9. Prenez des notes pour garder trace de l'échange.
10. En fin d'entretien, récapitulez les points clés.

Quelques conseils pour optimiser vos entretiens téléphoniques

1. Regroupez vos appels téléphoniques sur un moment de la journée.

2. Fixez des rendez-vous téléphoniques que vous inscrirez dans votre agenda.
3. Gardez-vous des plages de temps spécialement réservées pour recevoir des appels en vous rendant disponible pour répondre.
4. Ayez un répertoire téléphonique à jour.
5. Utilisez les ressources technologiques de votre poste téléphonique (rappel automatique, bascule sur autre poste, interception d'un autre poste, transfert d'un poste à l'autre, programmations automatiques…).
6. Quand vous êtes absent(e), laissez les instructions (sur un répondeur ou à un collègue) pour qu'on vous rappelle à une date et dans un créneau horaire précis.
7. Quand votre interlocuteur vous demande de rappeler, demandez-lui quel jour et à quelle heure précisément.
8. Pour chaque appel téléphonique, ayez sous les yeux un bloc-notes avec la liste des points à aborder et de l'espace pour prendre des notes.
9. Veillez à regarder régulièrement votre montre.
10. Lorsque votre interlocuteur décroche, après vous être présenté(e), dites-lui : « J'ai besoin de vous

parler de …, nous en aurons pour … minutes, êtes-vous disponible ? »

11. Écourtez les conversations téléphoniques qui n'en finissent pas. Après une courte synthèse, dites : « Je vais devoir vous laisser, car + *argument.* »

12. Après l'entretien, rédigez un bilan et intégrez dans votre agenda et dans votre plan hebdo (ou mensuel) les RDV pris ou à prendre et les actions à réaliser.

Quelques conseils pour mieux gérer ses mails

En dehors des heures de travail :

1. Ne consultez pas les messages, ne leur répondez pas en dehors de vos heures de travail (soirs, week-ends, vacances).

2. Désactivez la réception des mails professionnels sur votre téléphone personnel.

3. En cas d'absence de plusieurs jours, activez le message d'absence et indiquez la personne à contacter si c'est urgent.

4. S'il s'agit d'un cas d'urgence, les alertes/demandes doivent être adressées par téléphone ou SMS.

Pendant les heures de travail :

1. Privilégiez le face-à-face ou le téléphone pour traiter des questions sensibles, rapides ou urgentes, pour échanger avec les personnes à proximité ou pour échanger sur un problème.
2. Désactivez les alertes visuelles ou sonores d'arrivées des nouveaux messages.
3. Réservez dans votre agenda des plages horaires pour lire et traiter vos mails.
4. Utilisez les outils de classement des mails traités ou en attente de réponse.
5. En réunion, fermez votre messagerie.

Avant d'envoyer un mail :

1. Interrogez-vous sur le moment le plus opportun pour envoyer votre message : sachez qu'il est possible de différer l'envoi de ses mails.
2. Ciblez de façon précise les destinataires de vos messages et limitez les envois en nombre.
3. N'utilisez pas l'option « répondre à tous » systématiquement.
4. Pour organiser un entretien ou une réunion, préférez les outils de gestion d'agenda (Outlook, Doodle…).

5. Pour la gestion de projet, utilisez les outils collaboratifs (Google Drive ou Dropbox). Ils permettent à plusieurs utilisateurs de corriger ou d'annoter des documents.

6. Au-delà de 2 messages, revenez au face-à-face ou au téléphone.

La rédaction du mail

1. Les destinataires sont ceux dont on attend une réponse, un point de vue, une information ; les personnes en copie sont informées mais n'ont pas à répondre.

2. Indiquez clairement l'objet de votre mail de façon courte et précise.

3. N'abusez pas de la mention « Urgent » sauf si la réponse est attendue dans la journée (ou 1/2 journée). Préférez le téléphone.

4. Un mail ne doit traiter que d'un seul sujet.

5. Soyez concis(e), factuel(le) et informatif(ve).

6. Faites une synthèse des longs mails retransmis plutôt que de laisser tous les échanges dans le corps du mail. S'il est nécessaire que l'interlocuteur en prenne connaissance, précisez-le dans votre message.

7. Précisez ce que vous attendez du ou des destinataires et le délai de réponse souhaité.
8. Relisez-vous avant d'envoyer le message.
9. Insérez vos cordonnées dans la signature du mail.
10. Évitez les pièces jointes trop volumineuses (plus de 2 Mo).
11. En cas de réponse à un mail, supprimez les pièces jointes inutiles.
12. En cas de réponse, si le sujet du mail change, modifiez-en l'objet.

LES OUTILS DE PLANIFICATION

L'agenda et le plan de journée

L'agenda sert à noter ses rendez-vous, réunions, entretiens, rendez-vous téléphoniques, trajets.

• Indiquez, dans l'espace sous la date, la tâche prioritaire, celle que vous devez faire absolument. Ne programmez pas 2 activités prioritaires en même temps.

• Notez les rendez-vous planifiés, l'heure de début et l'heure de fin, ainsi que la durée à y consacrer.

• Prenez en compte les temps pour passer d'une activité à une autre.

• Bloquez en fin de journée un temps pour le bilan et la préparation du lendemain.

• Bloquez le temps du déjeuner et des plages de travail individuel (réfléchir, écrire, téléphoner, se ressourcer…).

• Inscrivez également dans le calendrier annuel tout ce qui prend une journée ou plus (formations, conventions, salons, déplacements, vacances…).

• Utilisez plutôt un seul agenda regroupant vie professionnelle et vie personnelle pour éviter les oublis et les recoupements.

• Sur un agenda papier, écrivez au crayon pour ajuster ou rectifier les rendez-vous.

• Vous devez tenir vous-même votre agenda et le garder en permanence sur vous.

• Feuilletez souvent votre agenda pour visualiser votre semaine, votre mois, votre année (dans les transports, en attendant, chaque début de semaine et chaque veille au soir).

Le plan de journée est un programme de travail, conçu pour harmoniser ordre, durée et variété des activités.

• Remplissez la case FAIRE : inscrivez tout ce qui débouche sur une action.

• Remplissez la case TÉLÉPHONER : inscrivez le nom, le numéro, le ou les sujets à traiter.

• Remplissez la case ÉCRIRE : inscrivez le nom du destinataire et le sujet à traiter.

• Remplissez la case PRIORITÉ : quand tout est rempli, regardez l'ensemble des actions pour en dégager la priorité du jour.

• Variez les activités (au bureau/à l'extérieur ; seul ou en temps partagé ; activité de réflexion ou d'action...).

• Équilibrez les activités entre le matin et l'après-midi selon votre chronotype (voir test p. 73).

• Pendant la journée, conservez le plan sous les yeux et consultez-le souvent.

• Inscrivez toute action nouvelle qui se sera présentée en cours de journée dans la colonne IMPRÉVUS. Évitez de prendre l'habitude d'ajouter des activités de dernière minute si votre plan de journée est déjà rempli.

• Barrez ou cochez chaque tâche réalisée.

• Encadrez le soir même ce qui n'a pas été fait.

• Le soir, reportez ce qui reste à faire sur le plan du lendemain.

DATE :		LISTE DES CHOSES À FAIRE	Ordre de Priorité	Durée Prévue	TÉLÉPHONER		IMPRÉVUS À traiter dans la journée
	RENDEZ-VOUS				À QUI	POURQUOI	
8.00							
8.30							
9.00							
9.30							
10.00							
10.30							
11.00							
11.30							
12.00							
12.30							
13.00							
13.30							

					ÉCRIRE		NOTES
14.00					À QUI	QUOI	
14.30							
15.00							
15.30							
16.00							
16.30							
17.00							
17.30							
18.00							
18.30							
19.00							
19.30		PRIORITÉ N°1 :					
20.00							
20.30		Total durée					
21.00							

Doodle

Doodle est un outil en ligne d'une extrême simplicité pour créer efficacement une invitation à une réunion de travail. Il permet de comparer les disponibilités de chacun à travers un sondage afin de trouver le moment idéal pour tous.

Pour cela, 3 étapes :

1. Suggérer des propositions
Vous sélectionnez des éléments comme les dates, les lieux ou les préférences pour votre sondage Doodle.

2. Inviter les participants à voter
Avec l'invitation, les participants peuvent sélectionner leurs préférences.

3. Sélectionner la meilleure proposition
Une fois les votes effectués, vous choisissez la proposition finale.

Le graphe de Pert (Project Evaluation and Review Technique)

Utilisé dans la gestion de projet, il met graphiquement en évidence les relations entre les tâches, sous forme d'organigramme.

Exemple : Imaginons la situation suivante. Papi et Mamie viennent prendre le thé. Nous souhaitons leur préparer un gâteau meringué. Il est déjà 14 h 15 et Papi et Mamie arrivent à 16 heures !

Pour commencer, pas question de faire n'importe quoi. Il est impossible de préparer la pâte si le beurre n'est pas ramolli. De même, on ne peut pas faire ramollir le beurre si on ne l'a pas acheté !

La 1re étape consiste à recenser les tâches et leurs antécédents directs, puis à compléter un tableau de la façon suivante :

Tâches	Durée (en min)	Antécédent(s) direct(s)
P : élaborer la **P**âte	10	R
R : **R**amollir le beurre	20	A
G : faire la **G**arniture	45	A
C : **C**uire	20	P, G
D : **D**resser la table	10	Aucun
A : **A**cheter les ingrédients	15	Aucun

Lors de la 2e étape, on va noter sur le tableau les successions. On va recenser quelles tâches succèdent directement à chacune des tâches.

On va donc ajouter au tableau autant de colonnes que de tâches. Ensuite, on indiquera à l'aide d'une croix les successeurs directs.

Quand je mets une croix dans la case de la ligne tâche « élaborer la Pâte » et de la colonne successeur « Cuire la pâte », cela signifie que la cuisson intervient après l'élaboration de la pâte sans tâche intermédiaire. Il peut donc y avoir un temps mort, par exemple pour attendre l'aboutissement d'une autre action, mais il n'y a pas de tâche entre les deux.

Comment procéder ?

Exemple 1 :

Sur la ligne de la tâche « P : élaborer la Pâte », il y a un antécédent direct : « R : ramollir le beurre ». Alors, il faut prendre la rangée « R », et cocher la case de la tâche « P ».

Exemple 2 :

La tâche « C : Cuire » possède 2 antécédents directs : P et G. Alors, il faut prendre les lignes « P » et « G » pour cocher la case « C ».

On obtient alors le tableau ci-contre :

Dans la 3e étape, on va dessiner le diagramme.

Grâce au précédent tableau, on voit d'un simple coup d'œil quels sont les antécédents directs et les successeurs directs d'une tâche :

L'élaboration de la pâte se situe entre « ramollir le beurre » et « cuire ».

L'achat des ingrédients est suivi par le ramollissement du beurre et la confection de la garniture. En revanche l'achat n'est précédé par aucune tâche : on peut donc envisager de le faire au début.

La cuisson est impérativement précédée par la pâte et la garniture, mais n'a pas de successeur : on peut donc procéder à la cuisson tout à la fin.

Dresser la table n'est précédé ni suivi d'aucune tâche. On peut donc le faire n'importe quand, pourvu qu'on ait terminé à la fin des opérations.

Tâches	Durée	Antécédent(s) direct(s)	Successeur(s) direct(s)					
			P	R	G	C	D	A
P : élaborer la **P**âte	10	R				X		
R : **R**amollir le beurre	20	A	X					
G : faire la **G**arniture	45	A				X		
C : **C**uire	20	P, G						
D : **D**resser la table	10	Aucun						
A : **A**cheter les ingrédients	15	Aucun		X	X			

Pour les tâches « ramollir le beurre » et « faire la garniture », il n'y a rien de spécial.

En rassemblant tous ces éléments, on obtient un diagramme PERT « vierge » qui donne l'enchaînement mais pas l'heure à laquelle je dois commencer mes tâches. Pour le moment, je ne sais pas encore si je pourrai terminer à temps.

Il reste à ordonner les tâches afin de savoir à quelle heure il faudra commencer.

L'heure (ou date) début : il s'agit de l'heure (ou de la date) à laquelle la tâche pourra être commencée au plus tôt, compte tenu du temps nécessaire à l'exécution des tâches précédentes.

L'heure (ou date) fin : il s'agit de l'heure (ou de la date) à laquelle une tâche doit être terminée à tout prix si l'on ne veut pas retarder l'ensemble du projet.

La différence entre ces deux heures (ou dates) s'appelle **la marge totale**.

La cuisson est une **tâche critique** puisqu'elle a une marge nulle : la différence entre l'heure de fin et l'heure de début est égale à la durée de la tâche à accomplir, soit 20 minutes.

L'ensemble des tâches critiques constitue le **chemin critique**, c'est-à-dire le chemin sur lequel aucune tâche ne doit avoir de retard pour ne pas retarder l'ensemble du projet.

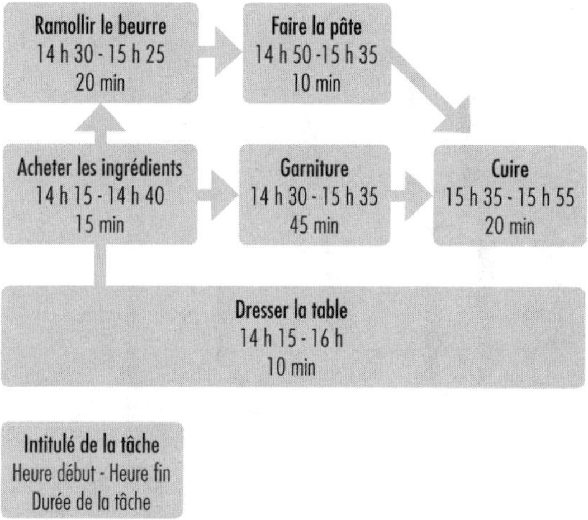

Le diagramme de Gantt

Il permet de :

- Visualiser dans le temps les diverses tâches liées composant un projet ;
- Représenter graphiquement l'avancement du projet.

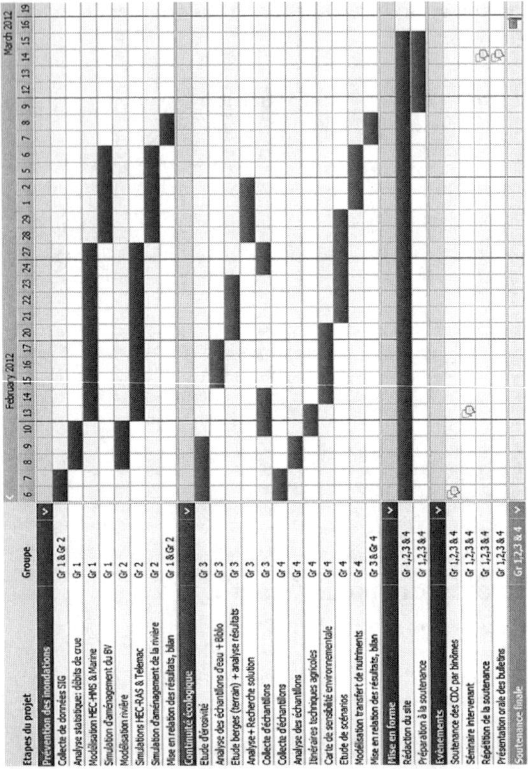

Etapes du projet
Groupe
February 2012
March 2012
6 7 8 9 10 13 14 15 16 17 20 21 22 23 24 27 28 29 1 2 5 6 7 8 9 12 13 14 15 16 19
Prévention des inondations
Collecte de données SIG — Gr 1 & Gr 2
Analyse statistique: débits de crue — Gr 1
Modélisation HEC-HMS & Marine — Gr 1
Simulation d'aménagement du BV — Gr 1
Modélisation rivière — Gr 2
Simulations HEC-RAS & Telemac — Gr 2
Simulation d'aménagement de la rivière — Gr 2
Mise en relation des résultats, bilan — Gr 1 & Gr 2
Continuité écologique
Etude d'érosivité — Gr 3
Analyse des échantillons d'eau + Biblio — Gr 3
Etude berges (terrain) + analyse résultats — Gr 3
Analyse+ Recherche solution — Gr 3
Collecte d'échantillons — Gr 3
Collecte d'échantillons — Gr 4
Analyse des échantillons — Gr 4
Itinéraires techniques agricoles — Gr 4
Carte de sensibilité environnementale — Gr 4
Etude de scénarios — Gr 4
Modélisation transfert de nutriments — Gr 4
Mise en relation des résultats, bilan — Gr 3 & Gr 4
Mise en forme
Rédaction du site — Gr 1,2,3 & 4
Préparation à la soutenance — Gr 1,2,3 & 4
Evénements
Soutenance des CDC par binômes — Gr 1,2,3 & 4
Séminaire intervenant — Gr 1,2,3 & 4
Répétition de la soutenance — Gr 1,2,3 & 4
Présentation orale des bulletins — Gr 1,2,3 & 4
Soutenance finale — Gr 1,2,3 & 4

LES OUTILS DE DÉVELOPPEMENT PERSONNEL

Certains de ces outils et notamment les tests de connaissance de soi ont déjà été abordés dans la partie 2. En voici donc de nouveaux, complémentaires.

Savoir dire non

Le canevas du refus

1. Reformulez la demande ou questionnez pour être sûr(e) de bien comprendre la demande.

2. Dites non, je ne peux pas, je ne veux pas, je ne sais pas.

3. Expliquez pourquoi pour motiver votre refus.

4. Proposez une alternative si c'est possible pour ne pas fermer le dialogue.

Il faut savoir tenir bon face aux demandes insistantes et ne pas hésiter à répéter les étapes 2 et 3 (technique du disque rayé). Pour atténuer la portée du refus, vous pouvez, à l'étape 4, montrer que vous êtes sensible à la demande (en faisant preuve d'empathie) et proposer des solutions alternatives. De plus, à condition d'être authentique, vous pourrez exprimer le regret de ne pas être en mesure d'aider, en précisant que ce refus ne conditionne pas vos réponses à d'autres demandes. Si la prochaine demande est recevable, vous pourrez y répondre favorablement. Il est possible également de ne pas dire non, mais de demander du temps pour réfléchir, ou encore d'accepter à la condition que la demande soit redéfinie. Ainsi, dans l'exemple ci-dessous, vous auriez pu essayer de proposer un délai moins serré.

Exemple : Imaginez que vous deviez faire face à la demande de quelqu'un.

Lui(elle) : « Bonjour, j'ai besoin que tu relises le rapport X523 pour ce soir. »

Vous : « Je comprends bien ta demande mais je suis dans l'obligation de refuser, car j'ai déjà un impératif dont je ne peux négocier le report. As-tu pensé à Evelyne ou à Jean-Marie ? Peut-être auront-ils un moment à t'accorder ! »

Savoir exprimer ses émotions grâce au « message-je »

Le canevas du « message-je »

1. Décrivez la situation en étant factuel(le), bref (brève) et précis(e).

2. Exprimez votre ressenti en disant « je » suis, « je » ressens, « j' »éprouve.

3. Exposez les conséquences négatives pour vous.

4. Suggérez une solution positive et convainquez des conséquences positives pour vous et pour l'autre.

Exprimer ce que l'on ressent n'est pas, contrairement à une croyance répandue, un signe de faiblesse. Bien au contraire ! Cela permet d'informer son interlocuteur des conséquences de ses paroles et/ou de ses actes. Cela permet de se respecter soi-même et de se faire respecter. On peut aussi viser un ajustement du comportement de l'autre.

Exemple : Imaginez que vous deviez faire face à la demande de quelqu'un.

Le contexte : il y a quelques jours, quelqu'un est venu au dernier moment vous demander de relire son rapport.

Vous : « Bonjour, il y a 3 jours, tu es venu(e) me demander de relire le rapport X523 pour le soir même. J'ai refusé et j'ai l'impression que cela ne t'a pas fait plaisir. Je me suis senti(e) contraint(e), car le délai était très court pour que je puisse me retourner. Si tu as besoin de mon aide une prochaine fois, je te suggère de le faire de façon plus anticipée. Ça nous donnera probablement plus de chances d'aboutir à un accord. »

Le recadrage de croyances

Les croyances sont des petites phrases qui tournent dans notre tête. Ce sont des interdits (« il ne faut pas mentir »), des injonctions (« tu dois rester sérieux »), des principes (« les grands garçons ne pleurent pas »), des jugements moraux (« ce n'est pas bien de mentir ») ou des disqualifications (« tu n'es pas belle quand tu fais la tête »).

À l'origine, ces messages, entendus dès l'enfance, sont destinés à nous protéger les uns des autres, à nous inculquer des valeurs et à faciliter le vivre-ensemble. Puis nous nous les sommes appropriés, nous les avons interprétés, généralisés et nous en avons fait des vérités et des principes absolus.

Exemple :

La phrase « Tu ne dois pas répondre aux grandes personnes » devient alors : « Lorsque mon responsable hiérarchique exige que je fasse quelque chose tout de suite, je n'ai pas le droit de refuser. »

1. Décrivez la situation initiale
Nommez et décrivez le comportement qui vous pose un problème.
Repérez les croyances limitantes qui sous-tendent ce comportement.
Déterminez l'émotion associée.

2. Décrivez la situation désirée
Déterminez ce que vous aimeriez faire ou dire à la place.
Repérez où et quand ce comportement souhaité doit se manifester.
Repérez les croyances positives associées.
Décrivez la façon dont les choses se passeraient alors.

3. Renforcez le désir de changer
Identifiez les bénéfices que vous pourriez obtenir si vous changiez.

4. Trouvez des leviers d'action et formulez un engagement pour l'avenir
Identifiez des ressources (internes et/ou externes) pour vous aider à créer la situation désirée.

Quelques conseils pour respecter votre écologie personnelle

Assurez-vous que vos objectifs soient alignés (objectifs professionnels, objectifs personnels, objectifs de vie).

Ménagez un équilibre entre votre temps professionnel, votre temps personnel (famille et amis) et le temps pour vous-même.

Prenez soin de vous : une alimentation saine et équilibrée, une consommation modérée d'alcool, une activité sportive régulière, un temps de sommeil raisonnable.

Notez chaque soir : une chose que vous avez réalisée dans la journée et dont vous êtes fier(fière).

Profitez de l'instant présent, le seul temps qui existe véritablement. Adonnez-vous avec délice à des activités qui permettent de vous recentrer, telles que la médiation, la contemplation…

PARTIE

4

—

LE TEMPS ET MES ENGAGEMENTS PERSONNELS

Vous arrivez au terme de ce livre. Vous avez sans doute noté ci-dessous vos réflexions, remarques ainsi que des conseils que vous pourrez vous donner à vous-même et aisément appliquer. Si ce n'est pas le cas, faites-le ; sinon, vous pouvez compléter votre liste.

Reste maintenant à faire le tri, à choisir les 4 conseils que vous retenez, à les traduire en actions concrètes et à déterminer des dates de réalisation.

MON PLAN D'ACTION		
Quels conseils ?	Quelles actions concrètes ?	À quelle échéance ?
1.		
2.		
3.		
4.		

CONCLUSION

Nous voici arrivés au terme de ce voyage. J'espère que ce livre vous aura éclairé(e) sur vous-même et votre rapport au temps, qu'il vous aura appris quelques principes généraux sur la gestion du temps et qu'il vous aura apporté des conseils et des outils précieux pour améliorer votre quotidien.

Nous avons cherché, ici, à vous « équiper » pour que vous (sur)viviez au mieux dans une société occidentale majoritairement monochrone, comme on l'a vu plus tôt, et dans un monde du travail dominé par la logique capitalistique. Notre ambition est de vous permettre de mieux vous organiser pour vous centrer sur l'essentiel : réaliser les activités prioritaires et vous délester de l'accessoire.

Redevenir en quelque sorte maître de votre temps, maître de votre vie en décidant ce que vous voulez en faire ; la finalité est de gagner en sérénité.

REMERCIEMENTS

Je remercie chaleureusement Sophie Rouanet et Lisa Marie qui m'ont fait confiance à nouveau pour la rédaction de ce deuxième petit livre.

Je remercie également ma sœur Delphine D. pour sa relecture et ses conseils pertinents et bienveillants.

BIBLIOGRAPHIE

Quelques livres de développement personnel et de culture générale

Éloge de la lenteur. Et si vous ralentissiez, Carl Honoré, Poche Marabout, 2013.

Le Pouvoir du moment présent, Eckart Tollé, J'ai lu, 2010.

Les Nouveaux Outils de l'analyse transactionnelle, Dominique Chalvin, ESF Éditeur, 2003.

Les Outils de base de l'analyse transactionnelle, Dominique Chalvin, ESF Éditeur, 2000.

La Danse de la vie. Temps culturel, temps vécu, Edward T. Hall, Points-Essais, 1992.

Le Langage silencieux, Edward T. Hall, Points, 1984.

Quelques ouvrages Entreprise

L'Intelligence interculturelle, Michel Sauquet, Martin Vielajus, Éditions CLM, 2014.

Mieux s'organiser. La stratégie du Post-it® et du Kanban personnel, Pierre Mongin, InterEditions, 2013.

Gérer efficacement son temps et ses priorités, Daniel Latrobe, ESF Éditeur, 2000.

Manager son temps et son énergie, Marie-Josée Couchaere, ESF Éditeur, 1997.

Et pour tous les amoureux de cinéma, dont je fais partie…

Fimographie

Les résumés sont repris du site d'Allociné.

• *La Villa,* film français de Robert Guédiguian, 2017.

Dans une calanque près de Marseille, au creux de l'hiver, Angèle, Joseph et Armand se rassemblent autour de leur père vieillissant. C'est le moment pour eux de mesurer ce qu'ils ont conservé de l'idéal qu'il leur a transmis, du monde de fraternité qu'il avait bâti dans ce lieu magique, autour d'un restaurant ouvrier dont Armand, le fils aîné, continue de s'occuper. Lorsque de nouveaux arrivants venus de la mer vont bouleverser leurs réflexions…

• *Time Out,* film américain d'Andrew Niccol, 2011.

Bienvenue dans un monde où le temps a remplacé l'argent. Génétiquement modifiés, les hommes ne vieillissent plus après 25 ans. Mais à partir de cet âge, il faut « gagner » du temps pour rester en vie. Alors que les riches, jeunes et beaux pour l'éternité, accumulent le temps par dizaines d'années, les autres mendient, volent et empruntent les quelques heures qui leur permettront d'échapper à la mort. Un homme, accusé à tort de meurtre, prend la fuite avec une otage qui deviendra son alliée. Plus que jamais, chaque minute compte.

• *L'Étrange Histoire de Benjamin Button,* film américain de David Fincher, 2008.

« Curieux destin que le mien… » Ainsi commence l'étrange histoire de Benjamin Button, cet homme qui naquit à 80 ans et vécut sa vie à l'envers, sans pouvoir arrêter le cours du temps. Situé à La Nouvelle-Orléans et adapté d'une nouvelle de F. Scott Fitzgerald, le film suit ses tribulations de 1918 à nos jours. L'étrange histoire de Benjamin Button : l'histoire d'un homme hors du commun. Ses rencontres et ses découvertes, ses amours, ses joies et ses drames. Et ce qui survivra toujours à l'emprise du temps.

• *Un jour sans fin,* film américain de Harlod Ramis, 1993.

Phil Connors, journaliste à la télévision et responsable de la météo, part faire son reportage annuel dans la bourgade de Punxsutawney où l'on fête le *Groundhog Day* : « Jour de la marmotte ». Dans l'impossibilité de rentrer chez lui ensuite à Pittsburgh pour cause d'intempéries, il se voit forcé de passer une nuit de plus dans cette ville perdue. Réveillé très tôt le lendemain, il constate que tout se produit exactement comme la veille et réalise qu'il est condamné à revivre indéfiniment la même journée, celle du 2 février.

• *Phantom of the Paradise*, film américain de Brian de Palma, 1975.

Incontestablement, mon film préféré. Une variation sur le thème de Faust. Le film a obtenu le Grand Prix du Festival du film fantastique d'Avoriaz en 1975. La musique écrite par le génialissime Paul Williams est sublime. Paul Williams joue également le rôle du producteur Swan.

Winslow Leach, jeune compositeur inconnu, tente désespérément de faire connaître l'opéra qu'il a composé. Swan, producteur et patron du label Death Records, est à la recherche de nouveaux talents pour l'inauguration du Paradise, le palais du rock qu'il veut lancer. Il vole la partition de Leach, et le fait enfermer pour trafic de drogue. Brisé, défiguré, ayant perdu sa voix, le malheureux compositeur parvient à s'évader. Il revient hanter le Paradise.

• *Alexandre le bienheureux,* film français d'Yves Robert, 1967.

Lorsque sa femme meurt, Alexandre décide de se consacrer à sa grande passion : la paresse. Il se couche pour plusieurs semaines. Son chien lui rapporte les provisions que lui sert la jolie Agathe, qui finit par le séduire. Mais, au moment de l'épouser, il se ravise, sa liberté et sa paresse risquant d'être compromises.

• *La Machine à remonter le temps,* film américain de George Pal, 1961.

Un scientifique vivant à l'époque victorienne fabrique une machine à voyager dans le temps et voyage loin dans le futur. Il s'aperçoit alors que la race humaine s'est divisée en deux espèces, une vivant à la surface, et l'autre sous terre. Quand sa machine est volée par le peuple souterrain cannibale, il doit risquer sa vie pour retourner dans son époque.

• *Alice au pays des merveilles,* film américain de Hamilton Luske, Wilfred Jackson et Clyde Geronomi, 1951.

Alors qu'elle travaille à ses leçons, Alice se laisse entraîner par le sommeil et tombe dans une profonde rêverie. Poursuivant un lapin très en retard, elle accède au pays des merveilles où une suite d'aventures rocambolesques et insolites l'attend. Tantôt rapetissée, tantôt gigantesque, Alice oscille au gré de ses rencontres entre la quête du merveilleux et l'expérience cauchemardesque.